EXTRAIT

DE L'INSTRUCTION GÉNÉRALE

SUR LA CONSCRIPTION.

FONCTIONS DES OFFICIERS

ET SOUS-OFFICIERS DE RECRUTEMENT.

PRIX : UN FRANC 25 CENT.

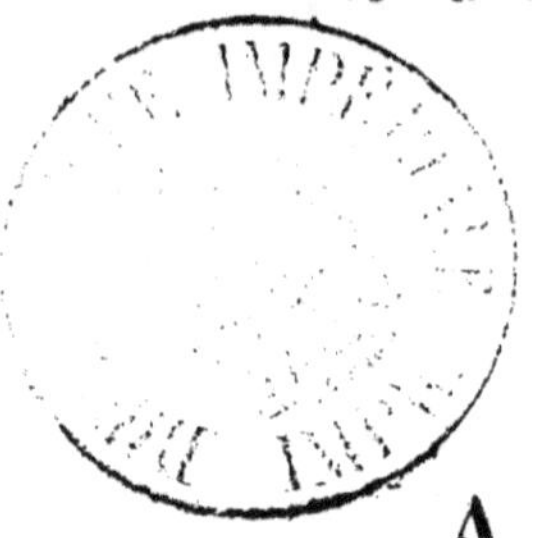

A PARIS,

CHEZ FIRMIN DIDOT, IMPRIMEUR
DE L'INSTITUT, ET GRAVEUR DE L'IMPRIMERIE
IMPÉRIALE, RUE JACOB, N° 24.
1811.

AVERTISSEMENT.

Autorisé à réimprimer l'Instruction générale sur la Conscription, j'ai cru devoir en
faire un extrait pour MM. les Officiers et Sous-
officiers de recrutement. Les Officiers com-
mandent l'escorte qui accompagne chaque détachement de Conscrits ou chaque convoi de
réfractaires ; les Sous-officiers sont chargés de
la tenue des contrôles de départ et de l'annotation de toutes les mutations qui surviennent
pendant la route, dans les détachemens ou les
convois ; les uns et les autres pourvoient aux
besoins des Conscrits ; ils veillent au maintien
de la discipline ; il est donc indispensable
qu'ils puissent facilement s'instruire des devoirs
qu'ils ont à remplir.

Je n'ai pas joint à l'Extrait les modèles qui
y sont cités, parce que ces modèles font partie
de l'édition originale qui se trouve entre les
mains des Capitaines de recrutement, et que

d'ailleurs les imprimés de ces modèles sont fournis à ces Capitaines, qui remettent aux Officiers et Sous-Officiers sous leurs ordres ceux qu'ils peuvent avoir à remplir.

L'Extrait des Officiers et Sous-officiers de recrutement contient TEXTUELLEMENT les dispositions de l'Instruction générale qui les concernent : il a été collationné avec le plus grand soin sur l'édition originale, et j'y ai joint une TABLE DE MATIÈRES, qui rendra les recherches faciles.

Firmin Didot.

EXTRAIT

DE L'INSTRUCTION GÉNÉRALE
SUR LA CONSCRIPTION:

FONCTIONS DES OFFICIERS
ET SOUS-OFFICIERS DE RECRUTEMENT.

TITRE Ier. — CHAPITRE III.

SECTION PREMIÈRE. *Dispositions préparatoires de la vérification et rectification des listes alphabétiques de commune.*

ART. 1er. (Art. 27 * de l'Instruction générale).

LES officiers et sous-officiers de recrutement de l'arrondissement de sous-préfecture, prévenus par le sous-préfet, devront se trouver au chef-lieu de chaque canton, le jour où il opérera. L'officier du grade le plus élevé assistera à toutes les opérations, et pourra faire au sous-préfet toutes les observations qu'il ju-

---

* Les chiffres entre parenthèses indiquent les numéros des articles dans l'Instruction générale.

gera convenables ; le sous - préfet prononcera sur chacune d'elles : l'officier ou sous-officier pourra requérir qu'il soit fait mention de ses observations dans le procès - verbal des opérations du sous-préfet.

Section III. *Tirage.*

2. (38).

Les conscrits réunis de toutes les communes de chaque canton, les maires, l'officier de gendarmerie et celui de recrutement, devront être tous présens au tirage qui aura lieu pour ce canton. Les préfets veilleront spécialement à l'exécution de cette disposition.

Section IV. *Examen des Conscrits par les Sous-préfets.*

3. (44).

L'examen aura lieu immédiatement après le tirage, et séance tenante. Le sous-préfet y procédera publiquement, et en présence des individus qui, en exécution de l'article 27, auront dû se rendre près de lui. Il suivra, pour cet examen, l'ordre d'inscription des conscrits sur la liste du tirage.

Section V. *Indication des Fonctionnaires qui doivent signer la liste du tirage.*

4. (52).

Après avoir donné aux conscrits l'avis prescrit par les articles 60 et 61, le sous-préfet fera certifier et signer avec lui par tous les fonctionnaires présens à ses opérations, la première expédition de la liste du tirage ; les maires et les conscrits rentreront alors dans leurs communes respectives.

5. (63).

Lorsque le sous-préfet aura ainsi terminé ses opérations pour un canton, il se transportera dans un autre canton, accompagné de l'officier de gendarmerie, et des officiers et sous-officiers de recrutement de son arrondissement.

CHAPITRE IV.

Section II. *Composition des Conseils de recrutement.*

6. (77).

Le capitaine de recrutement doit assister aux séances du conseil ; il peut faire des observations toutes les fois qu'il le juge convenable ; mais il n'a point voix délibérative.

7. (78).

Lorsque le conseil, en session ordinaire, devra se transporter dans un arrondissement de sous-préfecture, il appellera, pour s'y rendre près de lui, les officiers et sous-officiers de recrutement de cet arrondissement. Il pourra requérir un officier de gendarmerie et le nombre de gendarmes qu'il jugera nécessaire pour maintenir le bon ordre dans ses séances. Enfin, il invitera les maires des communes dont les conscrits devront comparaître devant lui, à se trouver au lieu de ses séances.

CHAPITRE VI.

SECTION PREMIÈRE. *Itinéraire des Conseils de recrutement.*

8. (136).

Le préfet fera connaître l'itinéraire du conseil, au capitaine de recrutement et à celui de la gendarmerie.

Ces deux officiers convoqueront, au lieu où le conseil devra se transporter, ceux des militaires sous leurs ordres qui devront se rendre près de lui.

SECTION V. *Designation des Conscrits pour l'armée active, la réserve et le dépôt. — Notification aux Conscrits désignés, du jour où ils devront se rendre au chef-lieu du département pour les premiers départs.*

9. (296).

Le préfet, avant de quitter, avec le conseil, un arrondissement de sous-préfecture, remettra au capitaine de recrutement la liste des conscrits de chaque canton désignés pour le contingeut d'activité. Cette liste sera conforme au modèle n° 11.

Le capitaine de recrutement remettra à l'officier d'arrondissement la copie de cette liste, et le chargera de faire donner, par les sous-officiers sous son commandement, un ordre de départ à domicile, à chaque conscrit désigné, présent, ou absent du canton.

Section VI. *Retour du Conseil au chef-lieu du département. — Indication des opérations auxquelles il doit encore procéder.*

10. (298).

Les sous-préfets ne devront pas assister aux séances que le conseil tiendra au chef-lieu du département, à moins qu'il ne juge à propos de les y appeler.

Il en sera de même des maires, des officiers et sous-officiers de recrutement des divers arrondissemens de sous préfecture et de canton, et des officiers et sous-officiers de gendarmerie.

Le capitaine de recrutement devra toujours y assister, ainsi que l'officier de santé désigné par le sort, pour chaque séance, entre ceux que le préfet aura choisis.

Seconde subdivision. *Des Remplacemens avant le départ des Conscrits.*

11. (327).

Il est défendu aux officiers et sous-officiers de recrutement, sous peine de destitution, et de plus forte peine, s'il y a lieu, de se mêler directement ni indirectement de procurer des suppléans, ni de donner aucune espèce de certificats pour leur admission : toutefois le capitaine doit, dans le sein du conseil, émettre son avis, et même il peut, s'il le juge convenable, demander que son avis soit inscrit au registre des délibérations.

12. (329).

Lorsque le conseil de recrutement acceptera un suppléant, il remettra au conscrit qui l'aura présenté, un certificat constatant l'admission, et indiquant les nom et prénoms, l'âge, le domicile, la profession et le signalement du suppléant. Les pièces produites seront relatées dans le certificat.

Une copie du certificat sera remise par le préfet au capitaine de recrutement, qui annotera le remplacement à l'article du conscrit, dans la colonne de mutations du tableau par rang de taille, prescrit par l'article 446, et portera à la suite de ce tableau, les nom, prénoms, âge, domicile, profession et signalement du suppléant, et l'indication du conscrit qu'il supplée.

Le récépissé du versement de 100 fr., destiné à l'habillement et équipement du suppléant, et le certificat d'admission du suppléant, délivré par le conseil de recrutement, seront présentés par le conscrit au sous-préfet de son arrondissement, lequel dressera l'acte de la convention faite entre le suppléant et le supplée : cet acte fera mention de la présentation des deux pièces ci-dessus désignées ; l'âge et le signalement du suppléant y seront soigneusement relatés : il en sera délivré à ce dernier une copie qu'il remettra au capitaine de recrutement, lors de la formation du contrôle de départ.

TROISIÈME SUBDIVISION. *Des Absens.*

13. (369).

Le préfet communiquera au capitaine de recrute-

ment les listes des absens qui lui auront été renvoyées, en exécution de l'article 365 * , afin que cet
officier comprenne sur le tableau, par rang de taille,
les conscrits absens qui, sur ces listes, seront désignés comme ayant été jugés ou déclarés propres au
service, et qui auront dû, conformément à l'article
354 , se rendre au régiment d'infanterie auquel appartiendra ce capitaine, et afin qu'il dresse, pour ces
conscrits, le contrôle de départ.

Le capitaine comprendra parmi ces conscrits, ceux
qui, ayant réclamé l'exemption, ou l'exception, ou
la suspension de départ, devant le conseil de recrutement du département de leur résidence actuelle,
auront été jugés par ce conseil capables de servir, et
qui n'auront pas porté leur réclamation devant le
conseil de recrutement de leur domicile.

Le capitaine, au moyen des mêmes listes, devra
dresser aussi le contrôle pour les absens qui, dans
le département de leur résidence, auront été envoyés
ou dû être envoyés aux pionniers.

QUATRIÈME SUBDIVISION. *Des Conscrits du
département, présens, et devant être examinés au
chef-lieu.*

14. (372).

Lorsqu'un conscrit déjà examiné par le conseil de
recrutement, devra passer à un second examen, sur

---

* L'article 27 de l'Instruction, cité dans ce paragraphe, ne
se trouve pas dans l'extrait, parce que ses dispositions ne concernent pas les officiers de recrutement. La citation de cet
article a été conservée pour ne pas altérer le texte. — Il en
sera de même pour quelques autres citations de cet extrait.

la demande du capitaine de recrutement, du major ou du commandant du département, la nouvelle visite qui en sera ordonnée ne pourra être faite par l'officier de santé qui aura été chargé de la première. Le commandant du département, ou le major, seront tenus de faire consigner sur le registre des délibérations, les motifs pour lesquels le second examen leur aura paru nécessaire.

Si le second examen a été provoqué par le capitaine de recrutement, le préfet fera inscrire au registre des délibérations les motifs de sa demande.

CINQUIÈME SUBDIVISION. *Notification au Capitaine de recrutement, des décisions prises au chef-lieu sur les Conscrits désignés pour former le contingent. — Désignation des Conscrits à comprendre dans les derniers départs.*

15. (381).

Le préfet fera connaître chaque jour au capitaine de recrutement, les décisions que le conseil de recrutement aura prises au chef-lieu sur les conscrits dont les noms auront été proclamés comme devant faire partie du contingent de l'armée active, et qui auront été compris comme tels sur la liste dont il est question à l'article 296.

Le capitaine annotera ces décisions sur le tableau par rang de taille, s'il a été formé, ou, s'il n'a pas encore été dressé, sur la liste prescrite par l'art. 296.

16. (382).

Après que le conseil se sera assuré que toutes les décisions prises au chef-lieu, auront été inscrites sur la liste du tirage, il se fera rendre compte du nombre d'hommes qui manquera au complétement du contingent, et il procédera à la désignation des conscrits qui devront remplacer les hommes manquans.

Il désignera d'abord les conscrits qui, dans ses séances tenues au chef-lieu, auront été déclarés premiers à marcher. Si ces conscrits ne suffisent point, le conseil désignera ensuite, jusqu'à due concurrence, ceux qui, d'après les décisions prises dans les mêmes séances, se trouveront compris dans la cinquième catégorie, comme capables de servir, et dont le numéro sera moins élevé que celui du conscrit le dernier appelé dans leurs cantons respectifs.

L'ordre de départ sera donné aux individus compris dans le paragraphe précédent; même ordre sera donné au domicile de ces conscrits, par les soins du sous-préfet et de l'officier de recrutement de l'arrondissement auquel chaque conscrit appartiendra.

17. (385).

Si le nombre des conscrits à appeler pour le dernier départ, conformément à l'article 382, n'égale pas celui des hommes dus par les cantons respectifs, le conseil, pour compléter ce dernier nombre, appellera de même au dernier départ, d'après le rang que leur numéro leur donnera, les conscrits de la réserve, et, au besoin, ceux du dépôt.

Le conseil ne comprendra dans cet appel aucun des conscrits ajournés pour infirmités ou faiblesse de constitution, à moins que les motifs pour lesquels il les aura ajournés, ne subsistent plus.

Cet appel sera notifié aux sous-préfets, aux officiers de recrutement et aux conscrits, de la manière indiquée par le troisième paragraphe de l'art. 382.

18. (386).

Le préfet remettra au capitaine de recrutement une liste supplémentaire, conforme au modèle prescrit par l'art. 296, des conscrits qui, d'après les articles 382 et 385, auront été désignés pour faire partie du contingent. Ces conscrits seront portés par le capitaine sur le tableau par rang de taille.

CHAPITRE VIII. *Complétement des Contingens.*

19. (424).

Les conscrits que le conseil de recrutement aura désignés pour compléter le contingent, ne seront pas renvoyés dans leurs communes : ils seront sur-le-champ mis à la disposition du capitaine de recrutement, qui, après avoir pris les ordres du commandant du département sur la répartition de ces hommes entre les corps dont le contingent sera incomplet, les dirigera sur ces corps.

Afin que ces conscrits puissent être ajoutés au tableau par rang de taille, le préfet en adressera au capitaine de recrutement la liste prescrite par l'article 296.

TITRE II. — CHAPITRE Ier.

SECTION PREMIÈRE. *Composition des détachemens de recrutement.*

20. (432).

Dans chaque département, un détachement d'officiers et de sous-officiers est spécialement employé au recrutement.

21. (433).

Chaque détachement est composé d'un capitaine désigné sous le titre de *capitaine de recrutement*, d'un lieutenant ou sous-lieutenant par arrondissement de sous-préfecture, d'un sergent et de deux caporaux pour quatre cantons.

22. (434).

Deux lieutenans au plus, par département, doivent être employés au recrutement ; les autres officiers d'arrondissement doivent être pris parmi les sous-lieutenans.

Dans les arrondissemens où les cantons sont en nombre impair, un des caporaux est chargé de trois cantons.

Dans les arrondissemens où le nombre de cantons n'est pas exactement divisible par quatre, les sergens sont chargés de cinq, et, au besoin, de six cantons.

23. (435).

Les capitaines de recrutement sont désignés par son Exc. le Ministre de la guerre ; les autres officiers et les sous-officiers sont choisis par le colonel du régiment qui doit les fournir.

Les officiers et sous-officiers reçoivent des commissions pour le service dont ils doivent être chargés.

Les officiers ne rentrent sous leurs drapeaux que par ordre du Ministre de la guerre.

Les sous-officiers sont remplacés tous les ans par moitié : le Ministre de la guerre ordonne le remplacement de ceux qu'il ne juge pas à propos de conserver en recrutement pendant une année.

24. (436).

Chaque capitaine de recrutement doit, à son entrée en fonctions, prêter, devant le préfet, le serment de se conduire, pendant sa mission, suivant les réglemens et les dispositions qui le concernent; de n'écouter aucune considération particulière, et de n'avoir pour but que le service de sa Majesté et l'intérêt de l'État.

Le préfet fait enregistrer la commission de cet officier, et lui délivre un extrait du registre.

Le capitaine de recrutement, après avoir pris les ordres du préfet et du général commandant le département, distribue les officiers et sous-officiers de son détachement, dans les différentes communes où ils doivent résider, et fixe l'arrondissement dans léquel ils doivent exercer les fonctions qui leur sont confiées.

Les officiers et sous-officiers qui doivent résider dans les chefs-lieux de sous-préfecture, prêtent, devant le sous-préfet, le serment ci-dessus indiqué : les autres le prêtent devant le maire de la commune de leur résidence. Les commissions des premiers sont enregistrées à la sous-préfecture; celles des autres, aux municipalités respectives.

25. (437).

Le capitaine de recrutement peut, toutes les fois qu'il le juge convenable, changer la résidence des officiers et sous-officiers sous ses ordres : il en prévient préalablement le préfet et le général commandant le département.

26. (438).

Le capitaine de recrutement adresse au capitaine de la gendarmerie du département, l'état des officiers et sous-officiers de son détachement, en indiquant la résidence qui leur est assignée.

Un pareil état est envoyé par le capitaine de recrutement, au général commandant la division militaire, à l'officier général ou supérieur commandant le département, ou au sous-inspecteur aux revues et au commissaire des guerres en résidence dans ce département.

Le 1er janvier de chaque année, le capitaine de recrutement adresse au Directeur général, par l'intermédiaire du préfet du département, l'état nominatif des militaires composant son détachement.

Chaque trimestre, il transmet au Directeur général, l'état particulier des mutations survenues dans son détachement.

Les états prescrits par les deux paragraphes précédens, seront conformes aux modèles n°s 14 et 15. Les exemplaires en seront envoyés à chaque capitaine de recrutement, par le Directeur général de la conscription.

SECTION II. *Fonctions des Détachemens de recrutement.*

27. (439).

Le capitaine de recrutement est chargé de la formation du tableau par rang de taille des conscrits désignés pour faire partie de l'armée active; de faire dresser les contrôles de départ de ces conscrits, soit qu'ils partent en détachement, soit qu'ils se mettent en route isolément; de surveiller le départ et l'incorporation des conscrits appelés à marcher; de dénoncer aux préfets, pour qu'ils soient condamnés comme réfractaires, les conscrits qui ne se rendent pas sous les drapeaux; de coopérer à la poursuite de ces réfractaires, et de provoquer leur remplacement.

28. (440).

Les officiers et sous-officiers de recrutement sont chargés de conduire les conscrits aux corps pour lesquels ils sont destinés; de surveiller les détachemens en route; de coopérer à la poursuite des réfractaires, et de conduire aux dépôts des réfractaires, les individus qui doivent y être envoyés.

29. (441).

Les officiers de recrutement peuvent, lors des opérations des sous-préfets et du conseil de recrutement, faire toutes les représentations qui ont pour objet d'empêcher la réforme d'un conscrit capable de servir, ou la désignation pour l'armée, d'un conscrit susceptible d'être réformé; ils doivent fournir tous les renseignemens qu'ils peuvent avoir, et qui sont nécessaires pour éclairer les décisions du conseil de recrutement : leurs observations doivent toujours être présentées par l'officier le plus élevé en grade parmi ceux qui sont présens.

30. (442).

Le capitaine de recrutement reçoit directement les ordres du Directeur général de la conscription, et lui

rend des comptes sur tous les objets de sa mission ;
il reçoit aussi les ordres directs de l'officier général
ou supérieur commandant le département dans lequel
il est employé.

CHAPITRE II.

SECTION PREMIÈRE. *Tableau par rang de taille.*

31. (443).

Le tableau par rang de taille doit comprendre les
conscrits désignés pour l'armée active ou pour la
réserve, ainsi qu'il a été dit articles 287 et 288.

32. (444).

Si les deux contingens d'activité et de réserve sont
appelés à marcher en même temps, le capitaine réunit les conscrits de ces deux contingens dans un seul
classement par rang de taille.

33. (445).

Si la réserve est appelée à marcher postérieurement
au contingent de l'armée active, le capitaine de recrutement ne forme le tableau par rang de taille des
conscrits de cette réserve, qu'au moment où elle est
mise en activité.

34. (446).

Le tableau par rang de taille sera conforme au modèle nᵒ 16.

35. (447).

A mesure que le capitaine de recrutement recevra
du préfet les listes prescrites par l'article 296, il en

fera faire le dépouillement pour servir à la formation du tableau par rang de taille (1).

36. (448).

Lorsque toutes les listes dont il est question dans l'article précédent seront parvenues au capitaine de recrutement, et qu'il en aura fait faire le dépouillement, il formera le tableau par rang de taille, sur lequel tous les conscrits du département, sans distinction d'arrondissement ni de canton, prendront rang entre eux d'après leur taille.

Le plus grand sera porté le premier sur le tableau ; le plus petit y figurera le dernier.

37. (450).

Le tableau par rang de taille, destiné plus particulièrement à la répartition des conscrits entre les corps, devant aussi servir à faire connaître ce que deviennent les conscrits appelés à former le contingent, le capitaine de recrutement, pour faciliter les recherches qu'il serait nécessaire de faire à cet égard, formera à la suite du tableau par rang de taille, une liste alphabétique indiquant les nom et prénoms de chaque

---

(1) Ce dépouillement pourra se faire successivement, au moyen de bulletins sur lesquels le capitaine de recrutement fera porter, 1° la taille du conscrit ; 2° ses nom et prénoms, 3° le canton dans lequel il aura concouru au tirage. Ces bulletins seront classés soigneusement par rang de taille ; et lorsque le capitaine aura reçu les listes du préfet pour tous les cantons, il lui sera facile de former son tableau par rang de taille.

conscrit , et le numéro sous lequel il sera inscrit au tableau. .

38. (451).

Dès que le tableau par rang de taille aura été vérifié par le préfet , le capitaine de recrutement le remettra à l'officier général ou supérieur , membre du conseil de recrutement. L'officier général ou supérieur rendra ce tableau au capitaine de recrutement, après avoir fait la répartition des conscrits entre les corps.

Section II. *Répartition entre les Corps.*

39. (452).

Le Directeur général fera connaître à l'avance aux généraux commandant les divisions militaires et les départemens, aux préfets , aux chefs de corps , aux capitaines de recrutement, et aux autres autorités civiles et militaires , les corps sur lesquels les conscrits de chaque département formant le contingent pour l'armée active, devront être dirigés , et le nombre des conscrits que chaque corps devra recevoir.

40. (455).

Les généraux feront cette répartition , d'après le tableau par rang de taille dressé par le capitaine de recrutement, et d'après la connaissance qu'ils pourront prendre de l'aptitude des conscrits pour le service des différentes armes ; ils devront se concerter avec le major membre du conseil de recrutement , et réunir , près d'eux pour le même objet, le capitaine de recrutement, et , au besoin, les officiers sous ses ordres.

41. (455).

Les généraux formeront les contingens des différentes armes , dans l'ordre ci-après :

Carabiniers ;

Cuirassiers ;

Tirailleurs et voltigeurs de la garde impériale ;

Chevau-légers ;

Artillerie à pied et à cheval, ouvriers et pontonniers;

Dragons ;

Génie , cavalerie légère ;

Infanterie, train d'artillerie et équipages militaires.

Les conscrits pour les carabiniers et cuirassiers, et pour moitié du contingent des tirailleurs et voltigeurs de la garde , seront pris parmi les plus forts et les plus grands ; ils ne pourront avoir, pour les carabiniers, moins d'un mètre 785 millimètres, et pour les cuirassiers et moitié des tirailleurs et voltigeurs de la garde , moins d'un mètre 731 millimètres.

Les conscrits destinés pour les chevau-légers devront avoir au moins un mètre 706 millimètres.

Ceux qui, pour la taille, viendront immédiatement après, seront assignés à l'artillerie. Il est indispensable que les conscrits destinés à cette arme aient au moins un mètre 690 millimètres.

Les conscrits désignés pour la seconde moitié du contingent des tirailleurs et voltigeurs de la garde , devront avoir au moins un mètre 677 millimètres.

Ceux qui seront destinés pour les dragons , auront au moins un mètre 649 millimètres.

Tous les autres conscrits devront être répartis entre les corps du génie; la cavalerie légère , l'infanterie de ligne et légère , les bataillons du train d'artillerie et les équipages militaires , de manière à ce que chaque corps ait un nombre d'hommes de chaque taille , proportionné à son contingent , en observant de ne point donner aux régimens de cavalerie légère des hommes ayant plus d'un mètre 649 millimètres.

42.   (456).

Les conscrits d'une constitution robuste , ouvriers en fer et en bois , seront envoyés aux corps de l'artillerie et du génie , si d'ailleurs ils ont la taille requise pour y être admis , et jusqu'à concurrence , 1° pour les compagnies d'ouvriers et d'armuriers , de la totalité du contingent ; 2° pour les bataillons de pontonniers , de moitié du contingent ; 3° et pour les régimens d'artillerie et les bataillons de sapeurs et de mineurs , du cinquième du contingent.

Les hommes habitués à conduire des bateaux , seront particulièrement assignés aux bataillons de pontonniers , jusqu'à concurrence de l'autre moitié de leur contingent.

Ceux qui auront l'habitude de travailler à la terre , seront destinés pour le complétement du contingent des sapeurs , des mineurs et des régimens d'artillerie à pied.

Les conscrits sachant soigner les chevaux et conduire des voitures , seront , de préférence , affectés aux bataillons du train et aux équipages militaires.

Les selliers et maréchaux seront proportionnellement distribués entre les troupes à cheval de toute arme, les bataillons du train et les équipages militaires.

Les conscrits destinés pour les tirailleurs et voltigeurs de la garde, devront savoir lire et écrire, et connaître les quatre règles de l'arithmétique.

43. (457).

Les ouvriers des mines et carrières, tailleurs de pierre et autres ouvriers en maçonnerie, qui n'auraient pas été désignés pour les corps de sapeurs et mineurs, auront la faculté de s'inscrire pour ceux de ces corps qui recevront des conscrits de leur département.

Les ouvriers en fer et en bois auront la faculté de s'inscrire pour les ouvriers d'artillerie, les pontonniers, les sapeurs et les mineurs qui recevront également des conscrits de leur département.

Les charretiers et autres conducteurs de voitures auront la faculté de s'inscrire pour les bataillons du train d'artillerie et du génie, et les équipages militaires qui recevront aussi des conscrits de leur département.

Les ouvriers justifieront, par certificats de deux maîtres ouvriers, visés du maire, qu'ils sont compagnons et hors d'apprentissage ; ils seront, quel qu'en soit le nombre, dirigés sur les corps qu'ils auront choisis en vertu des trois paragraphes précédens : s'ils excèdent le contingent fixé pour ces corps, ils seront en moins dans le contingent du régiment d'in-

fanterie qui recevra le plus de conscrits du département.

44. (458).

Les conscrits absens du département, qui, à raison
de leur numéro, seront dans le cas de marcher, devront, quelle que soit leur taille, être destinés pour
les régimens d'infanterie.

45. (460).

L'officier général ou supérieur, à mesure qu'il fera
la répartition des conscrits entre les corps, indiquera
sur le tableau, par rang de taille, le corps pour lequel
chaque conscrit sera destiné.

46. (461).

Après que l'officier général ou supérieur aura terminé la répartition des conscrits entre les corps, le
capitaine de recrutement et les officiers sous ses ordres
transmettront aux conscrits, à leur domicile, l'avis
de leur destination, et l'ordre de se rendre, le jour
qui aura été fixé, au chef-lieu du département.

CHAPITRE III.

SECTION PREMIÈRE *Convocation et Réunion des
Conscrits désignés pour marcher. — Formation
des Détachemens.*

47. (462).

Le Directeur général fera connaître aux généraux
des divisions militaires et des départemens, aux préfets et aux capitaines de recrutement, le jour où les
conscrits désignés devront commencer à se mettre en
route, et celui où tout le contingent devra être parti.

Offic. de R.   2

(26)

48. (464).

Les préfets feront connaître les jours de départ aux sous-préfets , aux maires, et aux officiers de recrutement , ainsi qu'il est prescrit par les articles 292 et 293.

49. (467).

Les officiers et sous-officiers de recrutement ne pourront , sous quelque prétexte que ce soit, accorder aux conscrits qui devront faire partie des détachemens, une suspension de départ, même d'une journée: ce droit appartient exclusivement au préfet. L'officier de recrutement qui contreviendra à cette disposition sera désigné au Directeur général.

Tout conscrit porteur d'une permission accordée par les officiers de recrutement, en contravention à cette disposition , devra être arrêté par la gendarmerie.

SECTION II. *Formation des Contrôles de départ.*

5o. (468).

Le capitaine de recrutement formera le contrôle nominatif et signalétique du départ des conscrits devant composer chaque détachement. Il n'y comprendra que les conscrits présens à la revue de départ (1).

Le contrôle du départ sera conforme au modèle n° 17 : il n'en sera dressé qu'une expédition ; elle sera

---

(1) Les capitaines de recrutement pourront faire porter, sur des bulletins préparés à l'avance, les noms , prénoms, etc. des conscrits convoqués pour le départ, et charger plusieurs officiers ou sous-officiers d'inscrire sur ces bulletins le signalement des conscrits présens à la revue de départ. Par ce

remise au sous-officier qui devra accompagner le détachement, et qui sera chargé d'annoter toutes les
mutations qu'éprouveront les conscrits pendant la
route. Cette expédition, après avoir été revêtue du
récépissé des conscrits donné par les corps, sera rap-
portée au capitaine de recrutement qui annotera les
mutations concernant chaque conscrit, sur le tableau
par rang de taille; elle sera ensuite déposée à la préfecture.

51. (469).

En même temps que le capitaine de recrutement
fera porter sur le contrôle de départ le signalement
des conscrits, il fera remplir ce signalement sur le
tableau par rang de taille.

Le capitaine annotera sur le tableau par rang de
taille, les conscrits qui ne se seront pas présentés à
la revue de départ.

52. (470).

Les suppléans ne seront portés sur le contrôle de
départ qu'après qu'ils auront remis au capitaine de
recrutement la copie de l'acte de remplacement, qui
leur aura été délivrée conformément à l'article 329.

---

moyen, on n'aura plus qu'à copier chaque bulletin sur le
contrôle de départ et sur le tableau par rang de taille : il fau-
dra beaucoup moins de temps pour cette opération. Il est
nécessaire que les capitaines de recrutement fassent leurs dispositions de manière à ce que le sous-officier chargé de la
tenue du contrôle puisse toujours se mettre en route en
même temps que le détachement.

2.

53. (471).

Le contrôle de départ est destiné,

1° A constater les nom, prénom, lieu et date de naissance, le domicile et le signalement complet des conscrits, le numéro qu'ils ont obtenu au tirage, les nom, prénoms et domicile de leurs père et mère ;

2° A faire connaître la date du départ du détachement, la date présumée de son arrivée au corps sur lequel il est dirigé, et les noms des officiers et sous-officiers chargés de l'escorter ;

3° A constater la fuite des conscrits qui, mis en route, abandonnent le détachement avant d'arriver à leur destination ; l'entrée aux hôpitaux de ceux qui doivent y être déposés ; le décès de ceux qui meurent avant l'incorporation, et la remise à la gendarmerie de ceux contre lesquels cette mesure devient nécessaire.

4° A indiquer ceux qui parviennent à leur destination, et le numéro sous lequel chacun d'eux est porté au registre matricule du corps qui le reçoit.

54. (472).

Les indications comprises sous les n°ˢ 1 et 2 de l'article précédent, sont données par le capitaine de recrutement ; celles que prescrit le n° 3, sont faites successivement, pendant la route, par le sous-officier chargé de la tenue du contrôle ; celles que prescrit le n° 4, sont faites par les chefs de corps.

55. (473).

Indépendamment du contrôle dont sera porteur le sous-officier qui devra accompagner le détachement, le capitaine de recrutement lui remettra,

1.º Les actes de remplacement dont il est fait mention dans l'article 470 ;

2.º Le nombre d'exemplaires présumé nécessaire, de la feuille de signalement dont il est question à l'article 494, et qui est destinée à être remise aux maires, à la gendarmerie, aux économes des hôpitaux et aux capitaines de recrutement, pour les conscrits ou suppléans qui viendraient à déserter en route, ou qui seraient déposés aux hôpitaux, ou qui se mettraient dans le cas d'être conduits au dépôt des réfractaires ;

3.º Le nombre d'exemplaires également présumé nécessaire, de la feuille individuelle dont il est question à l'article 533, et qui est destinée à être remise aux chefs de corps pour les conscrits ou suppléans qui, ayant abandonné en route leur détachement, ou ayant été déposés dans les hôpitaux, ne se seront pas trouvés présens à l'inspection qui aura été faite du détachement au moment de son arrivée au corps ;

4.º Le nombre nécessaire d'exemplaires de la feuille d'inspection qui, pour chaque détachement, doit être faite aux chefs-lieux des départemens sur la route, par l'officier général ou supérieur commandant chacun de ces départemens.

SECTION III. *Escorte des Détachemens.*

56. (474).

L'officier général ou supérieur, membre du conseil de recrutement, sur la proposition du capitaine de recrutement, et de concert avec le préfet, fixera le nombre des officiers et sous-officiers de chaque grade, chargés de la conduite des détachemens.

57. (475).

Si les officiers et sous-officiers de recrutement ne suffisent pas pour conduire avec sûreté les détachemens, les officiers généraux ou supérieurs commandant les départemens, devront, sur la demande des préfets, leur adjoindre des officiers et sous-officiers pris dans les corps stationnés dans leurs départemens.

Lorsqu'il n'y aura point de corps, ou de dépôts de corps stationnés dans les départemens, ou lorsque ceux qui s'y trouveront ne pourront fournir les officiers et sous-officiers nécessaires, les préfets, sur la demande des officiers généraux ou supérieurs, mettront à la disposition du capitaine de recrutement, les officiers et sous-officiers qui pourront être tirés de leur compagnie de réserve.

Pour suppléer encore les détachemens de recrutement, les divers corps de troupes à cheval, d'artillerie et du génie, recevront, au besoin, l'ordre d'envoyer dans chaque chef-lieu de département, le nombre d'officiers et sous-officiers nécessaire pour prendre et conduire à leurs corps les conscrits qui leur seront destinés.

Lorsque les détachemens seront de cent hommes, ou excéderont ce nombre, il leur sera, autant que possible, donné un tambour pris dans la ligne ou dans les compagnies de réserve.

En aucun cas, les détachemens de conscrits ne devront être escortés par des officiers et sous-officiers en réforme ou en retraite, ou servant dans les compagnies de vétérans.

58. (477).

De quelque manière que se forme l'escorte, un

sous-officier de recrutement devra toujours accompagner le détachement, pour tenir et rapporter le contrôle de départ.

Ce sous-officier étant destiné à prendre note de toutes les mutations survenant en route; à délivrer au besoin, les signalemens des conscrits aux maires, à la gendarmerie, aux économes des hôpitaux et aux capitaines de recrutement, sur la route que les détachemens auront à parcourir; à donner aux chefs de corps tous les renseignemens nécessaires pour la formation des feuilles individuelles dont il est question dans l'article 533, il est indispensable que le capitaine de recrutement désigne, pour tenir le contrôle, un sous-officier actif, intelligent, et qui soit au fait des écritures.

Section IV. *Revue de départ.*

59. (478).

Au jour fixé pour le depart, l'officier général ou supérieur passera en revue les conscrits de chaque détachement. Il pourra, dans cette revue, rectifier, s'il y a lieu, la répartition qu'il aura faite sur le tableau par rang de taille.

60. (480).

Si l'officier général ou supérieur juge à propos de changer la destination d'un conscrit, il le fera extraire du contrôle de départ du détachement dont le conscrit aura d'abord été appelé à faire partie, et reporter sur celui du détachement dans lequel il devra entrer. Cette mutation sera indiquée à l'article du conscrit, sur le contrôle dont il sera extrait.

61 (481)

Immédiatement après la revue de départ, les détachemens seront mis en route.

CHAPITRE IV.

SECTION PREMIÈRE. *Itinéraire des Détachemens de Conscrits.*

62. (482).

Indépendamment du contrôle de départ des conscrits composant chaque détachement, le commandant du détachement devra être porteur d'une feuille de route délivrée par le commissaire des guerres.

63. (483).

Lorsqu'un détachement sera mis en route, le commissaire des guerres du chef-lieu du département écrira aux commissaires des guerres qui se trouveront en résidence sur les divers points de la route que le détachement devra parcourir, pour. leur communiquer l'itinéraire de ce détachement.

Le capitaine de recrutement écrira de même à tous les capitaines de recrutement des départemens que le détachement devra traverser, pour leur communiquer l'itinéraire de ce détachement.

Les capitaines de recrutement qui auront reçu l'avis du passage d'un détachement de conscrits en marche, devront en donner connaissance aux généraux commandans et aux capitaines de gendarmerie de leurs départemens respectifs ; les capitaines de gendarmerie communiqueront cet avis à leurs brigades.

Section II. *Des Soins et de la Surveillance des Conscrits en route.*

64. (484).

Les officiers et sous-officiers de recrutement char-gés du commandement des détachemens de conscrits mis en marche, doivent veiller à la conservation, au bien-être des conscrits, et maintenir l'ordre, la bonne discipline et la propreté dans leur détachement. Ils en demeurent personnellement responsables.

65 (485).

Si, au moment de leur départ, ou pendant la route, les conscrits se trouvent avoir un besoin ab-solu de souliers ou autres objets de petit équipement, ils leur seront fournis par les soins du capitaine de recrutement de leur département ou du département dans lequel ils se trouveront.

66. (486).

Les officiers et sous-officiers de recrutement ne pourront, sous quelque prétexte que ce soit, quitter les détachemens auxquels ils seront affectés : ils par-tiront chaque jour et arriveront à chaque gîte d'étape avec ces détachemens. Un sous-officier seulement de-vra être envoyé en avant pour faire préparer les sub-sistances et le logement.

67. (487).

Le sous-officier chargé d'aller en avant pour les subsistances et le logement, fera connaître aux com-mandans de la force armée et de la gendarmerie, et au maire du lieu de gîte, la force du détachement,

et les invitera à prendre toutes les précautions nécessaires pour prévenir la fuite des conscrits.

68. (489).

Si la marche d'un détachement est arrêtée, parce
que les chemins seront devenus impraticables, ou par
suite de quelqu'événement extraordinaire, le commandant en informera l'officier général ou supérieur
commandant le département. Cet officier général
prescrira les mesures qu'il jugera nécessaires.

Le commandant du détachement donnera également
ment avis de ce retard au capitaine de recrutement du
département auquel appartiendront les conscrits; ce
capitaine en informera le préfet.

- 69. (490).

Le commandant du détachement fera faire chaque
jour trois appels des conscrits et suppléans composant son détachement : le premier appel aura lieu une
demi-heure avant le départ; le second se fera en
route, après la halte; et le troisième en arrivant au
gîte d'étape.

Le commandant devra veiller à ce que, pendant
la halte, les conscrits ne se séparent point.

70. (491).

Lorsqu'un conscrit ou suppléant n'aura pas répondu à l'un des appels prescrits par l'article précédent, et qu'il se présentera à l'appel suivant, l'officier ou sous-officier conducteur se fera rendre compte
des motifs de son absence, et fera surveiller plus particulièrement ce conscrit ou suppléant. Le commandant pourra faire remettre entre les mains de la gendarmerie le conscrit ou suppléant qui, sans motifs

légitimes, **aura manqué à trois appels** : la gendarme-rie le conduira au plus prochain chef-lieu de département, où ce conscrit ou suppléant sera déposé pour être envoyé au dépôt général des réfractaires.

71. (492)

Le commandant du détachement, à son arrivée au gîte d'étape, devra se concerter avec les autorités civiles et militaires, pour que les conscrits soient, autant que possible, logés dans le même local. Il devra également s'entendre avec ces autorités, afin d'assurer l'effet des mesures qui, en exécution de l'article 487, auront dû être prises à l'avance pour prévenir la fuite des conscrits.

Section III. *Des Conscrits et Suppléans qui abandonnent leurs détachemens.*

72. (493).

Les conscrits ou suppléans qui auront manqué à trois appels successifs, seront considérés comme ayant abandonné le détachement dont ils faisaient partie ; ils seront notés comme tels sur le contrôle de départ.

73. (494).

Le signalement de chaque conscrit ou suppléant, qui aura abandonné son détachement, sera extrait du contrôle de départ, et remis par le commandant du détachement au maire et au commandant de la brigade du gîte d'étape le plus voisin.

S'il n'existe pas de brigade de gendarmerie au lieu de gîte, le signalement sera remis à la brigade qui se trouvera la première sur la route que devra parcourir le détachement.

La feuille de signalement devra indiquer le corps auquel était destiné le conscrit ou suppléant qui aura abandonné son détachement.

74. (495).

Le sous-officier chargé de la tenue du contrôle de départ, se fera donner, sur ce contrôle, récépissé, par la gendarmerie et par le maire, du signalement prescrit par l'article précédent.

75. (496).

La brigade de gendarmerie qui aura reçu le signalement d'un conscrit ou suppléant ayant abandonné son détachement, devra le communiquer sur-le-champ, par la voie de la correspondance, aux brigades voisines ; et faire, de concert avec elles, toutes les perquisitions nécessaires pour découvrir et arrêter le fuyard.

Le fuyard arrêté sera conduit, de brigade en brigade, au chef-lieu du département dans l'étendue duquel l'arrestation aura été effectuée, et envoyé ensuite au dépôt général des réfractaires.

76. (497).

La feuille de signalement du fuyard arrêté l'accompagnera jusqu'au chef-lieu du département. Elle sera remise au capitaine de recrutement, qui la renverra, revêtue de son récépissé, au capitaine de recrutement du département d'où proviendra le fuyard ; ce dernier capitaine informera le corps pour lequel le fuyard était destiné, de son arrestation et de son envoi au dépôt général des réfractaires.

Le capitaine de recrutement fera mention, sur le tableau par rang de taille, de l'envoi du fuyard au dépôt des réfractaires. ·

77. (498).

Si un conscrit ayant abandonné le détachement, le rejoint pendant la route, et donne de son absence des motifs légitimes, il sera admis à rentrer dans le détachement; le commandant fera annoter sa rentrée sur le contrôle de départ.

SECTION IV. *Des Conscrits et Suppléans déposés dans les hôpitaux sur la route.*

78. (499).

Si un conscrit ou suppléant tombe malade en route, et s'il n'est plus en état de suivre le détachement, le commandant le fera déposer dans l'hôpital le plus voisin, soit civil, soit militaire.

79. (500).

Le sous-officier, chargé de la tenue du contrôle de départ, annotera, sur ce contrôle, l'entrée du conscrit ou suppléant, à l'hôpital; il se fera donner, sur le même contrôle, récepissé du conscrit ou suppléant, par l'économe de l'hôpital dans lequel il l'aura déposé.

Le sous-officier laissera à l'économe le signalement du conscrit ou suppléant, et lui indiquera le corps que ce conscrit ou suppléant est destiné à rejoindre aussitôt qu'il sera en état d'être mis en route.

Le commandant du détachement consignera en même temps le conscrit ou suppléant au commandant de la place, s'il en existe un dans le lieu où sera l'hôpital, ou au maire, s'il n'y existe pas de commandant; le sous-officier fera viser le contrôle par l'un ou l'autre de ces fonctionnaires, à la suite du récépissé de l'économe de l'hôpital.

8o. (5o1).

Le commandant du détachement fera remettre ou adressera au capitaine de recrutement du département dans lequel l'hôpital se trouvera situé, un double du signalement du conscrit ou suppléant qui aura été déposé dans cet hôpital.

81. (5o3).

Lorsque les officiers et sous-officiers conducteurs auront remis ou fait parvenir à un capitaine de recrutement les signalemens des conscrits ou suppléans laissés aux hôpitaux stationnés dans l'étendue de son département, ces conscrits ou suppléans seront, dès ce moment, sous sa surveillance.

82. (5o4).

Les officiers de recrutement employés dans les arrondissemens de sous-préfecture, recevront du capitaine l'état des conscrits ou suppléans laissés aux hôpitaux de chacun de ces arrondissemens.

83. (5o5.)

Les officiers de recrutement, chacun pour son arrondissement, se transporteront aux hôpitaux, pour s'assurer de la présence et de la situation des conscrits et suppléans qu'on y aura déposés.

Le capitaine de recrutement recommandera à ces officiers de faire ces inspections à des époques indéterminées, mais de manière à ne point mettre entre elles un intervalle de plus de huit jours.

Les officiers de recrutement feront connaître à leur capitaine le résultat de chacune des inspections qu'ils auront été dans le cas de faire.

84. (5o6).

Le capitaine de recrutement fera lui-même les

inspections ordonnées par l'article précédent, à l'hôpital du chef-lieu du département ; il en chargera un
officier sous ses ordres, pour les hôpitaux de l'arrondissement du chef-lieu du département.

85. (507).

S'il résulte de l'inspection qui aura été faite, soit
par le capitaine de recrutement, soit par l'officier d'un
des arrondissemens, qu'un conscrit ou suppléant est
parfaitement rétabli, il lui sera délivré une feuille de
route pour rejoindre le corps auquel il était destiné.

Le jour même du départ de ce conscrit ou suppléant, le capitaine de recrutement en donnera avis
au capitaine de recrutement du département auquel
appartiendra le conscrit ou suppléant, et lui transmettra la feuille de signalement. Ce dernier capitaine
informera aussi de ce départ le corps pour lequel le
conscrit ou suppléant sera destiné.

86. (508).

Dans le cas où un conscrit ou suppléant s'évade-
rait de l'hôpital, l'économe fera mention de l'évasion
sur la feuille de signalement qui lui aura été remise,
et la rendra à l'officier de recrutement dans l'arrondissement duquel l'hôpital sera placé.

Cet officier fera une copie de ce signalement, et
la remettra à la brigade de gendarmerie du lieu, en
l'invitant à faire la recherche du conscrit évadé. Le
commandant de la brigade donnera récépissé de cette
copie sur l'original, qui sera ensuite renvoyé au capitaine de recrutement.

Cet officier transmettra la feuille de signalement au
capitaine de recrutement du département auquel

appartiendra le conscrit ou suppléant qui se sera évadé.

Enfin, ce dernier capitaine de recrutement informera de l'évasion le corps auquel le conscrit ou suppléant était destiné.

87. (509).

Si le conscrit ou suppléant qui se sera évadé d'un hôpital, vient à être arrêté, il sera conduit, de brigade en brigade, au chef-lieu du département dans l'étendue duquel l'arrestation aura été effectuée, et envoyé ensuite au dépôt général des réfractaires.

Le capitaine de recrutement de ce département informera celui du département auquel appartiendra le conscrit ou suppléant dont il est ci-dessus fait mention, de son arrivée au dépôt départemental, et de son envoi au dépôt général des réfractaires.

88. (510).

S'il arrive que les suites de la maladie dont un conscrit ou suppléant aura été atteint, le rendent impropre au service militaire, le capitaine de recrutement du département où se trouvera l'hôpital, le fera comparaître devant le conseil de recrutement de ce département.

Si le conseil juge que ce conscrit ou suppléant est devenu impropre au service, il le renverra devant le conseil de recrutement du département auquel il appartiendra. Ce dernier conseil de recrutement prononcera la réforme du conscrit ou suppléant, s'il est en session ordinaire : il l'ajournera, s'il est en session extraordinaire.

89. (511).

Dans le cas prévu par le dernier paragraphe de l'article précédent, le capitaine de recrutement du département où sera situé l'hôpital, transmettra au capitaine de recrutement du département auquel appartiendra le conscrit ou suppléant, la feuille de signalement, après y avoir fait mention de la décision du conseil de recrutement.

90. (512).

Si un conscrit ou suppléant meurt à l'hôpital, le capitaine de recrutement réclamera, de l'économe de l'hôpital, l'acte de décès de ce conscrit ou suppléant, et la feuille de son signalement : il transmettra ces deux pièces au capitaine de recrutement du département auquel appartenait le conscrit décédé.

Le capitaine de recrutement qui recevra l'acte de décès, en fera l'annotation sur le tableau par rang de taille. Il en donnera connaissance au corps pour lequel le conscrit ou suppléant était destiné, et remettra l'acte de décès au préfet du département.

SECTION V. *Des Conscrits et Suppléans morts en route.*

91. (513).

Si un conscrit ou suppléant meurt en route, le commandant du détachement, après en avoir fait sa déclaration au maire de la commune la plus voisine, requerra le maire de dresser l'acte de décès du conscrit, et en réclamera une expédition qu'il trans-

mettra au capitaine de recrutement de son département.

Ce dernier capitaine fera annoter le décès du conscrit sur le tableau par rang de taille, et en remettra
l'acte au préfet.

92. (514).

Le sous-officier porteur du contrôle de départ annotera sur ce contrôle le décès du conscrit ou suppléant mort en route; le maire certifiera, sur le même
contrôle, la remise qu'il aura faite d'une expédition
de l'acte de décès.

SECTION VI. *Des Conscrits ou Suppléans remis à
la Gendarmerie.*

93. (515).

Si quelques conscrits ou suppléans manifestent,
pendant la route, l'intention de quitter le détachement, ou s'ils provoquent les autres conscrits à l'a-
bandonner, ou enfin s'ils montrent de l'insubordination, le commandant du détachement les remettra
entre les mains de la brigade de gendarmerie la plus
voisine, et rendra compte de ses motifs au général
qui inspectera le détachement, au premier chef-lieu
de département sur la route.

94. (516).

Les conscrits et suppléans, ainsi remis à la gendarmerie, seront conduits, de brigade en brigade, au
chef-lieu du département où ils se trouveront au
moment où ils auront été remis à la gendarmerie, et
seront détenus au dépôt départemental, pour être
ensuite envoyés au dépôt général des réfractaires.

95. (517).

L'officier ou sous-officier conducteur du détachement délivrera au commandant de la brigade la feuille de signalement du conscrit ou suppléant qu'il aura remis à cette brigade.

La feuille de signalement contiendra l'indication du corps pour lequel le conscrit ou suppléant était destiné.

L'officier ou sous-officier conducteur annotera, dans la colonne d'observations du contrôle de départ, les motifs pour lesquels le conscrit ou suppléant aura été remis à la gendarmerie, et signera cette annotation.

Le sous-officier porteur du contrôle annotera à l'article du conscrit ou suppléant, sa remise à la gendarmerie, et se fera donner par le commandant de la brigade, sur le même contrôle, récépissé de l'homme et du signalement.

96. (518).

La feuille de signalement du conscrit ou suppléant remis à la gendarmerie l'accompagnera jusqu'au dépôt départemental. Elle sera remise au capitaine de recrutement, qui la renverra revêtue de son récépissé, au capitaine de recrutement du département d'où proviendra le conscrit ou suppléant.

Le capitaine fera, sur le tableau par rang de taille, l'annotation de la nouvelle situation du conscrit ou suppléant.

97. (519).

Le commandant de chaque détachement correspondra exactement avec le capitaine de recrutement sur la situation des conscrits qu'il aura été chargé de conduire.

Chaque jour il lui donnera avis des mutations qui seront survenues dans son détachement.

Il lui fera connaître aussi les résultats des inspections que les généraux commandant les départemens auront faites de son détachement, en exécution de la section vii ci-après.

Cette correspondance devra tenir le capitaine de recrutement toujours informé des mutations que le détachement éprouvera ; en sorte que, même avant le retour du contrôle, il puisse, au besoin, en rendre compte au Directeur général de la conscription.

98. (520).

Les capitaines de recrutement donneront aux officiers et sous-officiers conducteurs, une entière connaissance des devoirs qu'ils ont à remplir relativement à la conduite des conscrits.

Les officiers conducteurs qui s'écarteront des dispositions que leur prescrit la présente Instruction, seront, pour la première fois, mis aux arrêts pendant huit jours au moins, par le capitaine de recrument ; les sous-officiers seront mis pour huit jours en prison : en cas de récidive, la punition sera plus sévère, et il en sera rendu compte au Directeur général.

Section VII. *Inspection par les Généraux commandant les départemens, des Détachemens qui tra-
verseront ces départemens.*

99. (521).

Le capitaine de recrutement prescrira à l'officier
ou sous-officier auquel le commandement de chaque
détachement aura été confié, de se présenter, à son
arrivée au chef-lieu de chaque département, devant
l'officier général ou supérieur commandant.

100. (522).

L'officier général ou supérieur fera l'inspection du
détachement : il demandera aux conscrits et aux
suppléans s'ils n'ont pas de plaintes à former contre
les officiers et sous-officiers conducteurs ; s'ils ont
reçu, pendant la route, la solde et les autres fournitures auxquelles ils ont droit, et si le pain qui leur
a été distribué était de bonne qualité.

101. (523).

Si quelques conscrits ou suppléans se plaignent
de n'avoir pas été mis à l'hôpital, quoiqu'ils en eus-
sent fait la demande, l'officier général ou supérieur
s'assurera s'ils sont en effet hors d'état de continuer
leur route ; dans ce cas, il les fera mettre à l'hôpital, et les dispositions de la section iv du présent
chapitre, seront suivies à leur égard.

102. (524).

Si des conscrits ou suppléans ont abandonné le
détachement, l'officier général ou supérieur interro-
gera sur les causes de leur fuite, non-seulement les

officiers et sous-officiers conducteurs, mais même les conscrits ; il se fera rendre compte des mesures qui auront été prises pour la prévenir ; il s'assurera si le lieu où le contrôle indique que la fuite s'est effectuée, n'est pas faussement ou inexactement désigné ; enfin, il vérifiera si le contrôle porte le récépissé des brigades de gendarmerie et des maires.

103. (525).

Si l'officier général ou supérieur juge que quelques officiers ou sous-officiers conducteurs doivent être relevés, il les renverra dans leur département, et confiera le commandement de l'escorte à l'un des autres conducteurs.

Au besoin, l'officier général ou supérieur commandant le département adjoindra à l'escorte, soit pour la renforcer, soit pour la commander, des officiers et sous-officiers du détachement de recrutement de ce département. S'il n'y en a point de disponibles, il se conformera, pour y suppléer, aux dispositions de l'article 475. Il observera de laisser près du détachement, toutes les fois que le bien du service ne s'y opposera pas, le sous-officier porteur du contrôle de départ.

104. (527).

Immédiatement après l'inspection d'un détachement de conscrits, le général commandant le département en transmettra l'état au général commandant le département d'où les conscrits proviendront.

Il y joindra ses observations particulières sur la situation du détachement : il fixera l'attention du général sur les abus ou les irrégularités qn'il aura pu remarquer, afin de lui donner les moyens de faire punir les officiers et sous-officiers de recrutement qui s'en seraient rendus coupables.

105. (528).

Si le général commandant qui aura fait l'inspection d'un détachement de conscrits, juge que les résultats en sont de nature à fixer l'attention du Directeur général, il en rendra compte.

CHAPITRE V.

Section première. *Inspection des Détachemens de Conscrits à leur arrivée aux Corps.*

106. (529).

A l'arrivée aux corps de chaque détachement de conscrits, il en sera fait une inspection par le commandant du corps ou du dépôt.

L'objet de cette inspection sera de constater l'état du détachement, de reconnaitre si les officiers et sous-officiers conducteurs n'ont donné lieu à aucune plainte, et d'examiner si, parmi les conscrits ou suppléans présens, il n'en est pas d'impropres au service.

Le résultat de cette inspection devra être porté à la fin du contrôle de départ.

107. (530)

Si parmi les conscrits ou suppléans il s'en trouve que le commandant du corps ou du dépôt juge être impropres au service, il les fera visiter sur-le-champ par le chirurgien-major du corps, qui délivrera deux expeditions de son certificat de visite ; l'une pour être remise au sous-officier chargé du contrôle de départ, l'autre pour être présentée à l'inspecteur général lors de sa revue.

108. (531).

Les corps ne pourront refuser les conscrits ou suppléans de conscrits qui leur seront destinés, quels que soient les motifs pour lesquels ces jeunes gens paraîtraient impropres au service, et lors même qu'ils n'auraient pas la taille requise pour l'arme. Ils les recevront provisoirement, et pourront ne leur faire distribuer que les effets d'habillement et d'équipement absolument nécessaires.

SECTION II. *Incorporation des Conscrits.— Récépissés à donner par les Corps.*

109. (532).

Après l'inspection des détachemens, le commandant du corps ou du dépôt, procédera à l'incorporation des conscrits.

Il fera transcrire sur le registre-matricule, le signalement des conscrits présens, tel qu'il aura été porté sur le contrôle de départ; le numéro que chaque conscrit occupera sur le registre, sera en même temps reporté sur le contrôle de départ à l'article de ce conscrit, dans la colonne ouverte à cet effet.

110. (533).

Le commandant du corps ou du dépôt fera ensuite former les feuilles individuelles (modèle n° 20) des conscrits et suppléans qui auront abandonné en route le détachement, ou auront été déposés à l'hôpital. Le nombre des conscrits pour qui ces feuilles individuelles auront été dressées, celui des conscrits présens, celui des conscrits morts en route et des conscrits remis à la gendarmerie pour lesquels il ne sera pas formé de feuilles individuelles, devra être égal au nombre de tous les conscrits signalés au ontrôle (1).

III. (534.)

Le commandant du corps ou du dépôt donnera, lorsque les formalités ci-dessus prescrites auront été remplies, récépissé des hommes qu'il aura reçus. Ce

---

(1) Il pourra arriver que des conscrits fuyards en route, ou ayant été déposés dans les hôpitaux, rentrent au corps après le départ des officiers ou sous-officiers conducteurs ; et comme ces officiers ou sous-officiers emporteront avec eux le contrôle de départ, il ne resterait rien au corps qui pût faire reconnaître les fuyards ou les hommes déposés aux hôpitaux, si l'on ne formait pour eux des feuilles individuelles contenant le signalement complet. Ces feuilles ne sont pas nécessaires pour les hommes qui seront morts en route, attendu que leur décès indiqué sur le contrôle de départ, et constaté par l'acte qui y sera annexé, annoncera suffisamment que le corps ne doit pas compter sur ces hommes. Les feuilles individuelles ne seront pas non plus nécessaires pour les hommes qui auront été remis à la gendarmerie : on a vu, par les dispositions qui précèdent, que ces hommes doivent être conduits au dépôt général des réfractaires, et que, par conséquent, ils sont perdus pour les corps auxquels ils étaient destinés.

Offic. de R.   3

récépissé sera porté sur le contrôle de départ, à la suite de l'état d'inspection du détachement, à son arrivée au corps,

112. (535.)

Le sous-officier chargé de la tenue du contrôle de départ, restera dans le lieu où le corps sera stationné, le temps nécessaire pour que la transcription des signalemens ait pu être faite sur le registre-matricule, et pour que les feuilles individuelles des conscrits fuyards ou déposés dans les hôpitaux, aient pu être formée.

Cette transcription devra avoir lieu, et les feuilles individuelles devront être formées, autant que possible, dans les vingt-quatre heures de l'arrivée de chaque détachement.

113. (537.)

Lorsqu'un individu se présentera isolément à un corps comme conscrit ou comme suppléant, le commandant du corps ou du dépôt examinera si cet individu est porté sur l'une des feuilles individuelles qui auront été formées en exécution de l'article 533.

S'il est porté sur l'une de ces feuilles individuelles, le commandant du corps ou du dépôt fera effectuer l'incorporation du conscrit qui se sera ainsi présenté, en portera le récépissé sur la feuille individuelle, et la transmettra, dans les vingt-quatre heures, au capitaine de recrutement du département du conscrit ou suppléant.

Si le conscrit ou suppléant ne paraît pas propre au service, le commandant du corps ou du dépôt le fera visiter par le chirurgien-major du corps; il joindra une expédition du certificat de visite à la feuille individuelle, qu'il renverra au capitaine de recrutement, et conservera la seconde expédition de ce certificat, pour la présenter à l'inspecteur général, lors de sa revue.

114. (538.)

Si, après avoir fait l'examen des feuilles individuelles prescrit par l'article précédent, le commandant du corps ou du dépôt reconnaît qu'il n'en existe point de relative à l'individu qui se sera présenté isolément; s'il n'a point reçu pour lui de contrôle de signalement de la part du capitaine de recrutement, ou s'il n'a pas connaissance qu'il ait souscrit un enrôlement volontaire, il le gardera en subsistance, et donnera sur-le-champ avis de son arrivée au capitaine de recrutement du département auquel cet individu aura déclaré appartenir.

Le capitaine de recrutement s'assurera de la position de cet homme, et la fera connaître au corps, qui, au besoin, en référera au Directeur général de la conscription.

CHAPITRE VI.

SECTION PREMIÈRE. *Des Conscrits partant isolément des Départemens où ils ont concouru au tirage.*

115. (539.)

Les capitaines de recrutement ne pourront diriger isolément aucun conscrit sur un corps, sans que le préfet en ait donné l'autorisation spéciale.

3.

Les préfets ne donneront cette autorisation qu'après s'être assurés d'une garantie suffisante.

116. (540.)

Les capitaines de recrutement formeront pour les conscrits dirigés isolément sur des corps, deux expéditions du contrôle de départ.

Ils en enverront, par la poste, au corps que chaque conscrit devra rejoindre, une expédition sur laquelle ils indiqueront l'époque présumée de son arrivée; une autre sera remise au conscrit partant.

117. (541.)

En même temps que le capitaine de recrutement fera porter sur le contrôle de départ, le signalement du conscrit, il fera remplir ce signalement sur le tableau par rang de taille.

118. (542.)

Lorsqu'un conscrit marchant isolément sera trouvé par la gendarmerie hors de la route qu'il devra suivre, il sera arrêté et conduit de brigade en brigade, au chef-lieu du département, dans l'étendue duquel l'arrestation aura eu lieu, et envoyé de là au dépôt général des réfractaires.

119. (543.)

Le contrôle de départ dont le conscrit sera porteur, sera remis au capitaine de recrutement du chef-lieu où le conscrit sera conduit.

Ce capitaine adressera ce contrôle, revêtu de son récépissé, au capitaine de recrutement du département d'où proviendra le conscrit.

Le capitaine de recrutement du département d'où sera parti le conscrit, annotera son changement de destination sur le tableau par rang de taille, et en informera le commandant du corps sur lequel ce conscrit avait été dirigé.

Le contrôle revêtu du récépissé du capitaine de recrutement du chef-lieu où le conscrit aura été conduit, sera déposé aux archives de la préfecture.

Si le conscrit arrêté n'est pas trouvé porteur du contrôle de départ, le capitaine de recrutement du département où il sera conduit, prendra son signalement et l'enverra au capitaine de recrutement du département d'où le conscrit proviendra.

120. (544.)

Lorsqu'un conscrit voyageant isolément tombera malade en route, il devra, pour être admis à l'hôpital, représenter le contrôle de départ dont il sera porteur.

L'économe de l'hôpital en fera prendre une copie, qu'il enverra au capitaine de recrutement du département où sera situé l'hôpital.

Le capitaine de recrutement exécutera envers ce conscrit, les dispositions de la section IV du chapitre IV du présent titre.

121. (545.)

Si un conscrit marchant isolément meurt en route, le contrôle de départ dont il aura été trouvé porteur, sera envoyé, avec son acte de décès, par le maire de la commune où il sera décédé, au capitaine de recrutement du département, qui suivra, à l'égard de ce conscrit, les dispositions de la section V du chapitre IV du présent titre.

122. (546.)

Lorsque les conscrits dirigés isolément sur des corps, y arriveront, le commandant du corps ou du dépôt, exécutera à leur égard les dispositions prescrites par les sections I et II du chapitre V du présent titre.

Si les conscrits ne sont pas arrivés aux corps dans le délai qui leur aura été fixé, et qu'indiquera le contrôle envoyé par le capitaine de recrutement, les commandans des corps ou des dépôts en informeront ce capitaine; à cet effet, ils feront dresser et lui enverront une copie du contrôle de départ, sur laquelle ils auront fait annoter la non-arrivée de ces conscrits. Ils garderont le contrôle.

SECTION II. *Des Conscrits absens de leur département et partant du département où ils se trouvent, pour rejoindre le Corps auquel ils sont destinés.*

123. (547.)

Les conscrits absens devront être dirigés sur les corps indiqués par l'article 345.

Indépendamment du contrôle de départ qui devra être formé par le capitaine de recrutement du département du conscrit absent, le capitaine de recrutement du département d'où partira ce conscrit, lui remettra un contrôle de départ, sur lequel il aura fait porter son signalement complet.

124. (548.)

Les dispositions de la section précédente seront

appliquées aux conscrits absens voyageant isolément.

Seulement, s'il arrive qu'un conscrit absent ne rejoigne pas dans le délai qui lui aura été fixé; ou s'il
s'est mis dans le cas d'être arrêté et conduit au dépôt
départemental; ou s'il est entré à l'hôpital; ou s'il
meurt en route, les pièces qui le concerneront, ne
seront pas envoyées au capitaine de recrutement du
département d'où il sera parti, mais à celui du département auquel il appartiendra comme conscrit.

125. (549.)

Lorsqu'un conscrit absent arrivera au corps pour
lequel il aura été destiné, le commandant du corps
exécutera à son égard les dispositions des articles 530,
531, 532, 533, 534, 535 et 536.

Si le commandant du corps remarque quelque différence entre les nom prénoms du conscrit, noms
et prénoms de ses père et mère inscrits sur le contrôle dont le conscrit sera porteur, et les nom prénoms du conscrit, noms et prénoms de ses père et
mère indiqués sur le contrôle qui lui aura été adressé
par le capitaine de recrutement du département auquel ce conscrit appartiendra, il le gardera en subsistance et en informera ce dernier capitaine, qui
devra faire constater l'identité.

Section III. *Des conscrits partant des hopitaux des
chefs-lieux des Divisions militaires.*

126. (551.)

Toutes les fois qu'un conscrit aura été envoyé,

par le conseil de recrutement, à l'hôpital du chef-lieu de la division militaire, le capitaine de recrutement, si le département n'est pas celui dont le chef-lieu est en même temps chef-lieu de la division militaire, formera, pour ce conscrit, le contrôle de départ prescrit par l'article 468.

127. (552.)

Le contrôle dont il est fait mention à l'article précédent, sera en trois expéditions.

Le capitaine de recrutement transmettra la première à l'économe de l'hôpital militaire, en l'invitant à y apposer son récépissé et à la lui renvoyer.

Il transmettra la deuxième au chef du corps auquel le conscrit aura été affecté, après y avoir fait indiquer que ce conscrit a été envoyé à l'hôpital du chef-lieu de la division.

Il adressera la troisième expédition au capitaine de recrutement du chef-lieu de la division militaire.

Si le département est celui dont le chef-lieu est en même temps chef-lieu de la division, le capitaine de recrutement fera former seulement la feuille de signalement du conscrit déposé à l'hôpital, et se fera donner au bas de cette feuille un récépissé de l'économe de l'hôpital.

128. (553.)

A la réception de la troisième expédition du contrôle, le conscrit qui s'y trouvera signalé, sera sous la surveillance particulière du capitaine de recrutement du chef-lieu de la division.

12 9. (554.)

Le capitaine de recrutement du chef-lieu de la division inspectera, en exécution de l'article 5o6, les conscrits admis à l'hôpital militaire de sa résidence.

Il veillera sur-tout à ce qu'ils ne communiquent point avec des personnes étrangères à l'hôpital.

Il s'informera de leur situation, et prémunira l'économe de l'hôpital contre les moyens que les conscrits pourraient employer pour entretenir leurs infirmités.

13o. (555.)

Lorsque le conscrit déposé à l'hôpital du chef-lieu de la division militaire se trouvera en état d'être mis en route, le capitaine de recrutement du chef-lieu de la division le dirigera sur le corps qui aura été désigné en exécution de l'article 184.

Le jour même du départ de ce conscrit, le capitaine de recrutement du chef-lieu de la division en donnera avis au capitaine de recrutement du département auquel il appartiendra ; à cet effet, il dressera et transmettra à ce capitaine, pour ce conscrit, la feuille de signalement (modèle n° 18).

131. (556.)

La troisième expédition du contrôle, adressée au capitaine de recrutement du chef-lieu de la division militaire, servira à former le contrôle de signalement des conscrits qui sortiront de l'hôpital du chef-lieu de cette division, pour être mis en route.

132. (557.)

Si le conscrit s'évadait de l'hôpital militaire, le

capitaine de recrutement du chef-lieu de la division
et celui du département auquel le conscrit appartiendra, suivraient, à son égard, la marche tracée
par la section IV du chapitre IV du présent titre.

133. (558.)

Si les conscrits sortant de l'hôpital pour rejoindre
les corps auxquels ils seront destinés, marchent isolément, on se conformera, à leur égard, aux dispositions de la section Ire du présent chapitre.

134. (559.)

Lorsqu'après l'expiration du mois fixé pour reconnaître si les conscrits envoyés à l'hôpital sont susceptibles de guérison, il s'en trouvera de jugés impropres au service militaire, le capitaine de recrutement
du chef-lieu de la division les renverra devant le préfet de leur département, qui exécutera à leur égard,
suivant les cas, les dispositions de la 3e subdivision
de la section III du chapitre VI du titre Ier de la
présente Instruction.

135. (560.)

Lorsqu'un conscrit, admis à l'hôpital militaire du
chef-lieu de la division, y décédera, le capitaine de
recrutement de ce chef-lieu, et celui du département
auquel appartiendra le conscrit, suivront, à son égard,
les dispositions de l'article 512.

136. (561.)

Le capitaine de recrutement du chef-lieu de la division se conformera, en ce qui concerne les conscrits de son propre département admis à l'hôpital

militaire , aux dispositions prescrites dans la présente section.

CHAPITRE VII. *Comptes à rendre par les Capitaines de recrutement, sur les départs et les incorporations.*

137. (562.)

Le jour où le premier départ aura lieu, le capitaine de recrutement fera connaître au Directeur général de la conscription la force des détachemens qui auront été mis en route.

Il lui adressera, à cet effet, un état dit *de départ :* cet état sera conforme au modèle n° 22.

De cinq jours en cinq jours, et jusqu'à celui qui sera fixé pour le dernier départ, la force et la composition des détachemens successivement mis en route, seront annoncés au Directeur général, par l'envoi d'un nouvel état qui devra récapituler les précédens départs.

138. (563.)

Après le dernier départ, et le premier jour de chaque mois, le capitaine de recrutement fera passer au Directeur général un état qui sera conforme aux modèles nos 23 A et 23 B, et qui sera appelé *état récapitulatif.*

Les hommes dirigés isolément sur les corps, figureront sur les états récapitulatifs, de la même manière que les conscrits partis en détachement.

139. (564.)

Lorsque, conformément a l'article 336, un suppléant aura été appelé à servir pour son propre compte, le capitaine de recrutement en informera le commandant du corps dont ce suppléant fera partie, en lui envoyant un état conforme au modèle n° 24.

Le commandant du corps fera faire mention au registre-matricule, que ce suppléant cesse d'être considéré comme tel, et qu'il continue son service comme conscrit. Il renverra au capitaine de recrutement l'état dont il est question au paragraphe précédent, et sur lequel il aura certifié l'annotation faite au registre-matricule.

Si le suppléant a cessé de faire partie du corps, le commandant indiquera sur l'état ce qu'il est devenu.

140. (565.)

Aussitôt que l'état prescrit par l'article précédent sera parvenu au capitaine de recrutement, il annotera au tableau par rang de taille et au contrôle de départ sur lesquels aura été compris le suppléant, que ce suppléant sert pour son propre compte.

Le capitaine de recrutement extraira le suppléant de l'état récapitulatif sur lequel il aura été compris, et le portera dans l'état récapitulatif de la classe, en déduction de laquelle il devra compter comme conscrit.

141. (566.)

Lorsque le nombre des conscrits et suppléans incorporés sera égal au contingent de chaque département, et que les contrôles de départ en auront été rapportés ou renvoyés au capitaine de recrutement, revêtus des récépissés des corps, ce capitaine formera un dernier état récapitulatif, qui contiendra le mouvement définitif de tous les détachemens et des hommes partis isolément, et qui sera la copie rectifiée des états récapitulatifs précédens.

Le capitaine de recrutement dressera en même temps et joindra au dernier état récapitulatif, la table alphabétique, (modèle n° 25) de tous les conscrits qui auront été compris sur les contrôles revêtus des récépissés des corps, et qui s'y trouveront désignés comme incorporés, ou ayant abandonné en route leur détachement, ou étant entrés aux hôpitaux, ou étant décédés, ou ayant été remis à la gendarmerie.

TITRE IV.

CHAPITRE Ier. *Remplacemens dans les Corps.*

142. (592.)

Les dispositions des articles 330, 331, 332, 333, 334, 335, 336, 337, 338, 339, 341, 343 et 344, relatifs au remplacement des conscrits avant la revue de départ, seront appliquées au remplacement dans les corps.

Le militaire remplacé, au lieu d'être condamné comme réfractaire, si, en cas de désertion de son remplaçant, il n'a pas fait admettre, dans le délai fixé par l'art. 331, le nouveau remplaçant qu'il devra fournir, sera dénoncé à son corps par le capitaine de recrutement du département dans lequel il sera retiré après son remplacement, pour être jugé comme déserteur.

143. (593.)

Pour l'exécution du second paragraphe de l'article précédent, les conseils d'administration des corps tiendront note du département dans lequel chaque militaire remplacé devra se retirer. Ils enverront au capitaine de recrutement de ce département, un *duplicata* de l'acte de remplacement, modèle n° 28.

144. (594.)

Les capitaines de recrutement donneront connaissance aux préfets de leurs départemens respectifs, des remplacemens qui leur auront été notifiés par les corps.

CHAPITRE II. *Responsabilité des Conscrits suppléés et des Militaires remplacés, lorsque leurs Suppléans ou Remplaçans désertent avant d'avoir servi deux ans.*

145. (596.)

Les chefs de corps de toutes armes adresseront au Directeur général de la conscription, dans les dix premiers jours de chaque trimestre, l'état nominatif des suppléans et remplaçans qui auront déserté pendant le cours du trimestre précédent (1).

Cet état sera conforme au modèle n° 29.

---

(1) Les registres-matricules des corps, sur lesquels les conscrits et suppléans doivent être inscrits avec tous les renseignemens que contiennent les contrôles de départ dont la

146. (597.)

Les chefs de corps enverront en même temps au capitaine de recrutement de chaque département dans lequel les conscrits se seront fait suppléer, et dans lequel les militaires remplacés se seront retirés après avoir effectué leur remplacement, un extrait de l'état dont la formation est prescrite par l'article précédent.

Cet extrait sera conforme au modèle n° 3o.

147. (598.)

Les capitaines de recrutement, dans les trois jours de la réception des états qui leur auront été adressés par les chefs de corps, requerront les préfets de notifier aux conscrits suppléés ou aux militaires remplacés, l'ordre de fournir, dans le délai de quinze jours, de nouveaux suppléans ou remplaçans, ou de marcher en personne.

148. (601.)

Lorsqu'un conscrits suppléé, marchant en personne, n'aura pu être dirigé sur le corps dont son suppléant déserteur faisait partie, le capitaine de recrutement informera ce corps de la destination qui aura été donnée à ce conscrit.

---

formation est prescrite par l'art. 468 , font connaître les hommes qui servent comme suppléans : ces registres-matricules doivent aussi indiquer ceux qui servent comme remplaçans. Toutes les colonnes de l'état demandé par le présent article , peuvent, par conséquent, être facilement et exactement remplies.

149. (604.)

Lorsque les conscrits suppléés ou les militaires remplacés ne se présenteront pas dans le délai fixé, pour faire admettre de nouveaux suppléans ou remplaçans, ou pour marcher en personne, les capitaines de recrutement dénonceront aux préfets les conscrits suppléés, pour qu'ils soient condamnés et poursuivis comme réfractaires ; et aux chefs de corps, les militaires remplacés, pour qu'ils soient condamnés et poursuivis comme déserteurs.

Les conscrits suppléés qui, pour n'avoir pas fourni de nouveaux suppléans ou n'avoir pas marché en personne, auront été condamnés comme réfractaires sur la dénonciation du capitaine de recrutement, devront être conduits aux dépôts généraux de réfractaires ; les capitaines informeront de leur condamnation, les corps dont les suppléans déserteurs auront fait partie.

150. (605.)

Conformément à l'article 540, les capitaines de recrutement formeront, pour chaque conscrit suppléé ou chaque militaire remplacé qui marchera en personne, et pour chaque nouveau suppléant ou remplaçant admis par le conseil de recrutement, deux expéditions du contrôle de départ prescrit par l'article 468.

Ils enverront, par la poste, au corps que chaque suppléé ou remplacé, nouveau suppléant ou remplaçant, devra rejoindre, une expédition sur laquelle ils indiqueront l'époque présumée de son arrivée ; une autre sera remise à l'individu partant.

Ces contrôles auront pour titre particulier :

Conscrit suppléé marchant pour tenir lieu de son suppléant déserteur;

Ou, *Militaire remplacé marchant pour tenir lieu de son remplaçant déserteur;*

Ou, *Nouveau suppléant marchant pour tenir lieu d'un suppléant déserteur;*

Ou enfin, *Nouveau remplaçant marchant pour tenir lieu d'un remplaçant déserteur.*

Ce titre particulier sera porté au-dessous de l'indication du département et avant le titre ordinaire du contrôle de départ.

Les contrôles auront une série de numéros distincte de celle des contrôles de départ formés lors des levées, et le numéro de chaque contrôle sera le même que celui sous lequel le suppléant ou remplaçant déserteur, et le conscrit suppléé ou militaire remplacé, seront portés dans l'état de trimestre prescrit par l'article 610.

151. (606.)

Les dispositions des articles 542, 543, 544 et 545, relatives aux conscrits partant isolément de leurs départemens, seront exécutées envers les conscrits suppléés et les militaires remplacés marchant eux-mêmes, ou envers les nouveaux suppléans ou remplaçans qu'ils auront fait admettre.

152. (608.)

Si les conscrits suppléés, marchant en personne, ne sont pas arrivés aux corps dans le délai qui leur aura été fixé et qu'indiquera le contrôle de départ, les commandans des corps ou des dépôts en infor-

meront le capitaine de recrutement du département
d'où ces conscrits suppléés proviendront pour qu'ils
soient condamnés et poursuivis comme réfractaires.
A cet effet, ils feront et enverront au capitaine copie
du contrôle de départ, sur laquelle ils auront fait
annoter la non-arrivée des conscrits. Ils garderont le
contrôle.

Si les militaires remplacés, marchant en personne,
ne rejoignent pas dans le même délai, les commandans des corps en informeront le capitaine de recrutement, et feront juger comme déserteurs, ces militaires remplacés.

153. (609.)

Les conscrits suppléés et les militaires remplacés
étant responsables des nouveaux suppléans ou remplaçans qu'ils auront fait admettre, si ceux-ci désertent avant d'avoir servi deux ans entiers, les capitaines de recrutement exécuteront envers les conscrits
suppléés et les militaires remplacés dont les nouveaux suppléans ou remplaçans n'auront pas rejoint,
les dispositions prescrites par le présent chapitre.

154. (610.)

Dans les dix premiers jours de chaque trimestre,
les capitaines de recrutement formeront l'état général des suppléans et remplaçans, dont la désertion
leur aura été notifiée par les corps, conformément à
l'article 597, dans les dix premiers jours du trimestre précédent. Cet état sera conforme au modèle
n° 31 : il indiquera les mesures qui auront été prises
pour astreindre les conscrits suppléés ou les mili-

taires remplacés, à fournir de nouveaux suppléans ou remplaçans, ou à marcher en personne.

Cet état, qui devra être visé par les préfets, sera envoyé au Directeur général de la conscription, les 20 janvier, avril, juillet et octobre.

Si les corps n'ont pas notifié aux capitaines de recrutement, pendant le trimestre précédent, de désertion de suppléans ou remplaçans, l'état du trimestre sera négatif.

155. (611.)

Lorsque l'incorporation des conscrits suppléés, des militaires remplacés, marchant eux-mêmes, ou des nouveaux suppléans ou remplaçans qu'ils auront fait admettre, ne sera pas connue des capitaines de recrutement à l'instant de la formation de leur état de trimestre, ils laisseront en blanc, dans cet état, la colonne destinée à indiquer la date de cette incorporation, et reporteront les conscrits suppléés, militaires remplacés, ou leurs nouveaux suppléans ou remplaçans, en tête de l'état du trimestre suivant, et ainsi successivement jusqu'à ce qu'ils puissent indiquer l'incorporation.

Les conscrits suppléés, les militaires remplacés, ou leurs nouveaux suppléans ou remplaçans, conserveront, sur les états successifs de trimestre dont ils feront partie, le numéro d'ordre qui leur aura été donné sur l'état primitif dans lequel ils auront été compris.

TITRE V. — CHAPITRE II.

SECTION PREMIÈRE. *Responsabilité des départemens dont les Conscrits sont réformés aux Corps pour infirmités antérieures à leur incorporation.*

156. (631.)

Il sera formé, pour les conscrits marchant en remplacement des réformés, des contrôles de départ distincts, et en tête desquels les capitaines de recrutement porteront ces mots : CONSCRITS MARCHANT POUR TENIR LIEU DE CONSCRITS RÉFORMÉS AUX CORPS POUR INFIRMITÉS ANTÉRIEURES A LEUR INCORPORATION.

Les contrôles de départ, revêtus des récépissés des corps, seront déposés aux archives de la préfecture.

SECTION II. *Responsabilité des Conscrits dont les Suppléans, et des Militaires dont les Remplaçans sont réformés aux Corps pour infirmités antérieures à leur incorporation.*

157. (634.)

La réforme des suppléans et des remplaçans sera notifiée par le Directeur général de la conscription aux capitaines de recrutement, qui requerront les préfets de donner l'ordre aux conscrits suppléés et aux militaires remplacés, de fournir, dans le délai de quinze jours, de nouveaux suppléans ou remplaçans, ou de marcher en personne.

158. (635.)

Si les conscrits dont les suppléans, et les militaires dont les remplaçans auront été réformés pour infirmités antérieures à leur incorporation, fournissent de nouveaux suppléans ou remplaçans; ou s'ils marchent en personne; ou s'ils sont impropres au service; ou, enfin, s'ils ne se présentent pas dans le délai qui leur aura été fixé pour faire admettre de nouveaux suppléans ou remplaçans, ou marcher en personne, on suivra, à leur égard, ou à l'égard des nouveaux suppléans ou remplaçans qu'ils offriront de fournir, les dispositions prescrites par les articles 599, 600, 601, 602, 603, 604, 605, 606, 607, 608 et 609. Les contrôles de départ dont il est fait mention à l'article 605, auront pour titre particulier :

Conscrit suppléé marchant pour tenir lieu de son suppléant réformé au corps pour infirmités antérieures à son incorporation;

Ou, *Militaire remplacé marchant pour tenir lieu de son remplaçant réformé au corps pour infirmités existantes lors de son admission;*

Ou, *Nouveau suppléant marchant pour tenir lieu d'un suppléant réformé au corps pour infirmités antérieures à son incorporation;*

Ou, *Nouveau remplaçant marchant pour tenir lieu d'un remplaçant réformé au corps pour infirmités existantes lors de son admission.*

Ces contrôles auront une série de numéros distincte de celle des contrôles de départ formés lors des levées, et le numéro de chaque contrôle sera le même que celui sous lequel le suppléant ou remplaçant réformé et le conscrit suppléé ou le militaire remplacé, seront portés dans l'état de trimestre du capitaine.

159. (636)

Dans les dix premiers jours de chaque trimestre, les capitaines de recrutement formeront l'état général des suppléans et des remplaçans dont la réforme leur aura été notifiée par le Directeur général de la conscription, dans le cours du trimestre précédent. Cet état sera conforme au modèle n° 37 : il indiquera les mesures qui auront été prises pour astreindre les conscrits suppléés et les militaires remplacés à fournir de nouveaux suppléans ou remplaçans, ou à marcher en personne.

Cet état, qui devra être visé par les préfets, sera envoyé au Directeur général de la conscription, les 20 janvier, avril, juillet et octobre.

S'il n'a pas été notifié aux capitaines de recrutement, dans le cours du trimestre, de réformes de suppléans ou remplaçans, l'état du trimestre sera négatif.

160. (637.)

Lorsque l'incorporation des conscrits suppléés ou des militaires remplacés marchant en personne, à raison de la réforme de leurs suppléans ou remplaçans; ou lorsque l'incorporation des nouveaux suppléans ou remplaçans qu'ils auront fait admettre, ne sera pas connue des capitaines de recrutement à l'instant de la formation de leur état de trimestre, ils exécuteront à leur égard les dispositions de l'article 611.

TITRE VII. — CHAPITRE I.er

SECTION PREMIÈRE. *Cas dans lesquels les Conscrits sont retardataires. — Délais dans lesquels les Retardataires doivent être, 1° dénoncés aux Préfets par les Capitaines de recrutement, 2° déclarés Réfractaires par les Préfets, 3° condamnés comme tels par les Tribunaux de première instance. — Peines encourues par ces Conscrits.*

161. (651.)

Tout conscrit appelé, soit comme premier à marcher, soit comme désigné par le sort, soit comme mis à la disposition du Gouvernement pour s'être mutilé, est *retardataire* dans les cas ci-après :

1° S'il n'a pas obéi à l'ordre de départ ;

2° Si, ayant fait partie d'un détachement dirigé sur un corps, il l'a abandonné avant d'avoir été reçu au corps pour lequel il a été destiné.

3° Si, ayant marché ou dû marcher isolément, il ne s'est pas rendu dans le délai qui lui a été fixé, au corps auquel il a été assigné ;

4° Si, ayant été mis à l'hôpital, il s'en est évadé ; ou si, après en être sorti avec les formalités prescrites, il ne s'est pas rendu au corps ou au dépôt général de réfractaires auquel il a été destiné ;

5° Si, conduit à un dépôt départemental pour être, en qualité de conscrit, déclaré premier à marcher, ou de conscrit dont il a été nécessaire de s'assurer, dirigé sur le dépôt général des réfractaires, il s'est évadé avant d'avoir été reçu au dépôt départemental ;

Ou si, conduit à une compagnie de pionniers, il ne s'est pas rendu à cette destination ;

6° Si, ayant été dirigé sur le dépôt général des réfractaires pour l'un des motifs spécifiés ci-dessus, il a abandonné, avant l'arrivée à ce dépôt, le convoi dont il a fait partie ;

7° Si, se trouvant dans l'un de ces cas, il s'est évadé du dépôt départemental ou de l'hôpital du chef-lieu ;

8° Si, devenu impropre au service, après son départ et avant d'avoir été reçu dans un corps, il n'a pas, à sa sortie de l'hôpital, ou du dépôt départemental ou du dépôt général des réfractaires, obéi à l'ordre de comparaître devant le conseil de recrutement, dans le délai qui lui a été fixé;

9° Enfin si, étant dans l'obligation de fournir un nouveau suppléant ou de marcher lui-même, il n'y a pas satisfait dans le délai fixé; ou si, ayant été assujetti à fournir un suppléant pour avoir caché ses infirmités ou s'être volontairement mutilé, ou mis hors d'état de servir, il n'en a pas fait recevoir un dans le délai fixé.

162. (652.)

Le capitaine de recrutement est spécialement chargé de dresser la liste des conscrits retardataires et de porter plainte contre eux au préfet.

163. (653.)

Avant de porter plainte contre les conscrits qui

n'auront pas obéi à l'ordre de départ, le capitaine
de recrutement en soumettra la liste au préfet, qui,
s'il le juge convenable, pourra ordonner que ces
conscrits reçoivent un nouvel ordre de départ.

164. (654.)

Le capitaine de recrutement dénoncera au préfet,
dans les huit jours de la mise en route de chaque
détachement envoyé à un corps, les conscrits qui,
ayant été convoqués pour faire partie de ce détachement, n'auront pas paru pour être mis en route, et
auxquels le préfet n'aura pas cru devoir faire donner
un nouvel ordre de départ.

165. (655.)

Les conscrits qui auront dû recevoir un nouvel
ordre de départ, et qui n'y obéiront pas, seront dénoncés au préfet par le capitaine de recrutement,
dans les trois jours de la mise en route du nouveau
détachement dont ils auront été appelés à faire partie.

166. (656.)

Ceux des conscrits déclarés premiers à marcher
pour quelque motif que ce soit, qui n'auront pas
été annotés comme absens du département, ainsi
que les conscrits mis à la disposition du Gouvernement, seront considérés comme n'ayant pas obéi à
l'ordre de départ, si, dans les quinze jours qui suivront celui où la décision prise contre eux aura été
notifiée à leur domicile légal, ils n'ont pas été arrêtés, ou ne se sont pas représentés : à l'expiration de
ces quinze jours, le capitaine de recrutement, sans
les comprendre sur la liste des conscrits susceptibles

de recevoir un nouvel ordre de départ, les dénoncera au préfet, comme retardataires (1).

167. (657.)

Ceux des conscrits portés sur les listes des absens du département de leur domicile, qui, en exécution des articles 353, 355, 362 et 363, auront été déclarés premiers à marcher, ou mis à la disposition du Gouvernement, par le conseil de recrutement du département où ils auront dû être examinés, seront considérés, s'ils ne se sont pas présentés ou n'ont pas été arrétés dans les quinze jours, comme n'ayant pas obéi à l'ordre de départ.

Le jour même de cette décision, le préfet du département où elle aura été prise, adressera au capitaine de recrutement du même département, la liste des conscrits contre lesquels elle aura été rendue. Cet officier désignera au capitaine de recrutement du domicile, ceux de ces conscrits qui, dans les quinze

---

(1) Les dispositions de l'article 656 s'appliquent, non-seulement aux conscrits déclarés premiers à marcher en déduction du contingent d'une classe déja appelée, mais encore à ceux des conscrits qui n'auront dû marcher que *pour la classe la première à appeler après le jour de la décision prise contre eux* : tels sont les conscrits omis aux tableaux de conscription, qui ne sont découverts qu'après le tirage de leur classe ; les conscrits ayant concouru au tirage qui, après le complétement du contingent de leur classe, sont reconnus avoir manifestement cherché à tromper, en réclamant indûment l'exemption ou l'exception, ou le placement à la fin du dépôt.

jours fixés par le paragraphe précédent, n'auront pas été arrêtés ou ne se seront pas représentés. Le capitaine de recrutement du domicile dénoncera ces conscrits au préfet, dans les trois jours de la réception de l'avis qui les aura désignés comme retardataires.

168. (658.)

Les conscrits qui, ayant fait partie d'un détachement envoyé à un corps, auront abandonné leur détachement, seront dénoncés au préfet par le capitaine de recrutement, dans les trois jours de la réception du contrôle de ce détachement, revêtu du récépissé du commandant du corps.

169. (659.)

Les conscrits qui, ayant dû être dirigés sur le dépôt général, comme conscrits déclarés premiers à marcher, ou comme conscrits dont il a été nécessaire de s'assurer, auront abandonné le convoi dont ils auront fait partie, seront dénoncés par le capitaine de recrutement dans les trois jours de la réception de la feuille individuelle, portant avis d'évasion, que le commandant du dépôt général des réfractaires lui aura adressée en exécution de l'article 942.

170. (660.)

Les conscrits qui, ayant marché ou dû marcher isolément, n'auront pas rejoint leur destination, seront divisés ainsi qu'il suit :

1° *Conscrits mis en route dans le département de leur domicile ;*

Conscrits qui auront été mis en route dans un département autre que celui de leur domicile, ou d'un point du territoire étranger occupé par les armées françaises ;

Conscrits qui, au moment de leur appel, se seront trouvés faire partie d'un corps, mais qui, n'y ayant été admis que par l'effet d'un enrôlement illégal, auront dû le quitter et se rendre au corps pour lequel ils auront été destinés comme conscrits ;

Conscrits qui, ayant fait partie d'un détachement, seront entrés pendant la route dans un hôpital, et en seront sortis pour rejoindre leur destination, ou qui, ayant été mis à l'hôpital du chef-lieu de la division militaire, auront ensuite été dirigés sur un corps ;

Conscrits qui, après avoir abandonné en route leur détachement, se seront représentés et auront obtenu d'être renvoyés de nouveau à un corps ;

2° *Conscrits qui*, au moment de leur appel, se seront trouvés hors de l'Empire, ou du territoire occupé par les armées françaises (1) ;

Conscrits absens de leur département, dont la résidence ne sera pas connue (1).

---

(1) Si le préfet est informé que des conscrits absens hors de l'Empire ou du territoire occupé par les armées françaises, se trouvent, pour un motif légitime, dans l'impossibilité de rentrer en France et de suivre leur destination, il n'en devra pas moins faire prononcer leur condamnation ; mais il fera connaître leur situation au Directeur général, et lui proposera de suspendre les poursuites pendant un an. D'année en année, le préfet renouvellera cette proposition.

Les propositions que le préfet aura à faire au Directeur général, en exécution du paragraphe précédent, seront por-

Les conscrits compris dans le n⁰ 1ᵉʳ du présent article, seront dénoncés au préfet par le capitaine de recrutement, dans les trois jours de la réception de la copie du contrôle, ou de la feuille individuelle de ces conscrits, que les corps auront adressée au capitaine de recrutement, pour lui donner avis de la non-arrivée de ces conscrits.

Les conscrits compris dans le n⁰ 2 du présent article, seront dénoncés, le quatre-vingt-dixième jour après celui où le contrôle de ces conscrits aura été dressé, si le corps auquel ils auront été destinés a renvoyé au capitaine de recrutement la copie de ce contrôle, et fait connaître leur non-arrivée ; ou le cent vingtième, si le corps n'a pas renvoyé cette copie au capitaine de recrutement (1).

Afin que la plainte à porter contre les conscrits mis en route isolément, qui ne se rendent pas à leur destination, ne souffre point de retard, le capitaine de recrutement, s'il ne reçoit pas des corps, dans le délai fixé, les copies de contrôle ou les feuilles individuelles, dont le renvoi doit lui être fait, les récla-

---

tées à la suite des propositions de radiation sur les états de trimestre.

Lorsqu'enfin les motifs pour lesquels les conscrits n'auront pu rentrer en France, auront cessé d'exister, le préfet, si les conscrits se représentent, les dirigera sur un corps, et proposera leur radiation ; dans le cas contraire, il fera commencer les poursuites.

(1) Voir la note ci-dessus.

mera des commandans des corps. Si, dans le mois, il n'a pas été répondu à ses réclamations, il adressera au Directeur général l'état indicatif des conscrits pour lesquels la copie de contrôle ou la feuille individuelle ne lui sera pas encore parvenue, et des corps auxquels ils auront été envoyés.

Le capitaine de recrutement ne devra point dénoncer comme retardataires, ceux des conscrits désignés par le présent article, qui auront été légalement réformés ou ajournés, et pour lesquels l'avis authentique de réforme ou d'ajournement lui aura été notifié, avant le jour fixé pour le retour de la copie de contrôle ou de la feuille individuelle. Il communiquera sur-le-champ cet avis au corps, afin qu'on cesse d'y attendre les conscrits réformés ou ajournés.

171. (661.)

Les conscrits qui se seront évadés des hôpitaux, ou qui ne se seront pas rendus à leur destination, après être sortis des hôpitaux avec les formalités prescrites, seront dénoncés au préfet par le capitaine de recrutement, dans les trois jours de la réception de la feuille de signalement, qui, pour les conscrits dirigés sur un corps, sera envoyée à cet officier par le capitaine de recrutement du département où l'évasion aura eu lieu, et qui pour les conscrits dirigés sur le dépôt général des réfractaires, lui sera adressée par le commandant de ce dépôt.

172. (662.)

Les conscrits qui se seront évadés des mains de la gendarmerie avant d'arriver à un dépôt départemental de réfractaires, ou à une compagnie de pionniers, seront divisés ainsi qu'il suit :

1° *Conscrits déclarés premiers à marcher pour quelque motif que ce soit, et conscrits dont la réforme aura été annullée comme ayant été surprise, qui, conduits à un dépôt départemental de réfractaires, se seront évadés en route ;*

2° *Conscrits qui, ayant été extraits, pendant la route, d'un détachement dirigé sur un corps, et remis entre les mains de la gendarmerie, pour être conduits à un dépôt départemental de réfractaires, se seront évadés avant d'arriver à ce dépôt ;*

3° *Conscrits euvoyés aux pionniers, et évadés avant d'avoir été reçus dans la compagnie pour laquelle ils auront été destinés.*

Les conscrits, dans ces divers cas, seront dénoncés par le capitaine de recrutement au préfet, dans les trois jours de la remise qui lui sera faite par la gendarmerie, de la feuille d'arrestation, pour ceux que comprend le n° 1er; de la feuille de signalement, pour ceux que comprend le n° 2 ; enfin de la feuille individuelle, pour ceux que comprend le n° 3. Ces feuilles porteront avis de l'évasion, ainsi que cela est réglé par la présente Instruction.

Si ces divers conscrits se sont évadés hors du département de leur domicile, le capitaine de recrutement de ce département les dénoncera dans les trois jours de la réception des feuilles d'arrestation ou des feuilles de signalement, ou des feuilles individuelles qui lui auront été renvoyées par le capitaine de recrutement du département où l'évasion aura eu lieu.

173. (663.)

Les conscrits qui se seront évadés du dépôt départemental ou de l'hôpital du chef-lieu, seront dénoncés au préfet, par le capitaine de recrutement, dans les trois jours de leur évasion du dépôt départemental des réfractaires, ou de l'hôpital du chef-lieu, si le département où l'évasion aura eu lieu est celui de leur domicile.

Si l'évasion a eu lieu hors du département de leur domicile, le capitaine de recrutement de ce département les dénoncera dans les trois jours de la réception de la feuille individuelle portant avis d'évasion, qui lui sera transmise par le commandant du dépôt général des réfractaires, en exécution des articles 907 et 942.

174. (664.)

Avant de porter plainte contre ceux des conscrits mis en route et devenus impropres au service avant d'être reçus dans un corps, qui n'obéiront pas à l'ordre de comparaître devant le conseil de recrutement de leur département, le capitaine de recrutement vérifiera si, déja, ils n'ont pas été dénoncés comme retardataires pour d'autres motifs ; il dressera la liste de ceux qui n'auront pas été dénoncés, et la soumettra au préfet, qui, s'il le juge convenable, pourra faire donner à ces conscrits un nouvel ordre de comparaître devant le conseil de recrutement.

Les conscrits contre lesquels il aura été précédemment porté plainte, ainsi que ceux des conscrits non encore dénoncés, auxquels le préfet ne donnera point un délai ; qui n'obéiront pas au premier ordre de comparaître devant le conseil, seront dénoncés au préfet par le capitaine de recrutement, dans les trois jours qui suivront celui où ils auront dû se présenter.

Ceux des conscrits retardataires qui, en vertu du premier paragraphe du présent article, obtiendront un nouvel ordre de comparaître devant le conseil de recrutement, et qui n'y obéiront pas, seront dénoncés dans les vingt-quatre heures après l'expiration de la prorogation de délai qui leur aura été accordée.

175. (665).

Les conscrits compris dans le n° 9 de l'art. 651, seront dénoncés au préfet, par le capitaine de recrutement, dans les trois jours après l'expiration du délai qu'ils auront obtenu pour fournir un suppléant.

SECTION II. *Publication des Jugemens rendus contre les Réfractaires.*

176. (670).

Aussitôt qu'un conscrit aura été condamné comme réfractaire, le greffier du tribunal délivrera une copie du jugement pour servir à l'impression de ce jugement.

177. (671).

Le jugement sera imprimé en placard dans les trois jours de sa date. Le nombre des exemplaires à tirer sera fixé par le commissaire impérial, de concert avec le préfet, et d'après les bases ci-après, quant à ce qui concerne la poursuite individuelle des condamnés :

4..

Un pour le capitaine de recrutement.

178. (673).

Le Préfet fera sur-le-champ passer au capitaine de gendarmerie les exemplaires n°s 3 et 7; il s'en fera donner récépissé.

Il adressera, aussi sur-le-champ, au capitaine de recrutement et au premier inspecteur général de la gendarmerie, les exemplaires n°s 8 et 10.

Enfin il déposera aux archives de la préfecturo l'exemplaire n° 9.

SECTION III. *Formation, par les Capitaines de recrutement, du Contrôle de la poursuite individuelle des réfractaires. — Expédition de ce Contrôle à remettre au Capitaine de gendarmerie. Autre expédition à envoyer au Directeur général de la Conscription. — Contrôles particuliers par Sous-préfecture. — Tenue du Contrôle de la poursuite individuelle. — Formation des supplémens et des états de mutations de ce Contrôle.*

179. (677).

Le capitaine de recrutement dressera, classe par classe, le contrôle nominatif des conscrits qu'il dénoncera comme réfractaires.

Ce contrôle sera destiné à servir pour la poursuite des réfractaires, quant à leur arrestation; il sera dressé sur le modèle n° 38, et portera le titre de CONTRÔLE GÉNÉRAL *pour la poursuite individuelle des réfractaires de la classe d*

180. (678).

Le contrôle pour la poursuite individuelle devra indiquer dans les colonnes ouvertes à cet effet,

1° Les nom, prénoms, lieu et date de la naissance, lieu du domicile et de la résidence habituelle du conscrit dénoncé, les noms et prénoms de ses père et mère ;

2° Son signalement (1) ;

3° Les renseignemens que le capitaine de recrutement aura pu se procurer sur le lieu où le conscrit pourra être saisi ;

4° La date de la dénonciation ;

5° Le motif de la dénonciation, c'est-à-dire, si le dénoncé n'a pas paru à la revue de départ, ou si, avant l'incorporation, il a abandonné son détachement ou convoi :

6° La date de la condamnation, et le numéro que le condamné aura reçu sur le contrôle général servant pour le recouvrement de l'amende, prescrit par le chapitre III du titre XI de la présente Instruction ;

7° Les motifs du retard, si la condamnation n'a pas eu lieu ;

8° Les mutations qui surviendront dans la situation personnelle de chaque réfractaire ;

---

(1) Le signalement de ceux des retardataires qui seront dénoncés comme n'ayant pas paru à la revue de départ, sera porté sur le contrôle pour la poursuite individuelle, à mesure qu'ils seront arrêtés ou qu'ils se présenteront.

181. (679).

Le capitaine de recrutement fera quatre expéditions du contrôle général pour la poursuite individuelle.

La première expédition sera destinée pour le capitaine de recrutement ; la seconde, pour le capitaine de gendarmerie ; la troisième, pour les sous-préfets, la quatrième pour le Directeur général.

182. (680).

La première, la seconde et la troisième expédition du contrôle général pour la poursuite individuelle seront formées, pour chaque classe, à mesure que les conscrits retardataires seront dénoncés par le capitaine de recrutement.

183. (681).

Les feuilles de la seconde expédition du contrôle général seront successivement, et le jour même des dénonciations, ou au plus tard le lendemain, remises par le capitaine de recrutement au capitaine de gendarmerie, qui, de leur réunion, formera son contrôle.

184. (682).

La troisième expédition, qui ne sera qu'un extrait du contrôle général, et que le capitaine de recrutement dressera sur le modèle n° 39, sera divisée en autant de contrôles distincts qu'il y aura d'arrondissemens de sous-préfecture dans le département ; le contrôle particulier de chaque sous-préfecture comprendra seulement ceux des conscrits dénoncés qui auront leur domicile légal dans son arrondissement. Le capitaine de recrutement en adressera les feuilles au sous-préfet successivement, et au

plus tard dans les trois jours qui suivront ses dénonciations.

185. (683).

A mesure que le capitaine de recrutement inscrira
sur son contrôle général un conscrit dénoncé comme
réfractaire, il portera, à l'article de ce conscrit, les
renseignemens exigés par les n°s 1, 2, 3, 4 et 5 de
l'article 678.

186. (684).

Le préfet communiquera régulièrement au capitaine de recrutement les renseignemens spécifiés par
les n°s 6 et 7 de l'article 678 : cet officier les inscrira
sur la première expédition du contrôle général, et en
donnera sur-le-champ connaissance au capitaine de
gendarmerie et aux sous-préfets, qui les annoteront
chacun sur le contrôle déposé entre ses mains.

187. (685).

Le préfet, le capitaine de gendarmerie et le capitaine de recrutement, pour que les indications comprises sous le n° 8 de l'article 678 puissent être annotées par eux sur les contrôles généraux servant à la
poursuite individuelle et au recouvrement des amendes, se tiendront réciproquement et régulièrement
informés de toutes les mutations qui surviendront dans
la situation des conscrits portés sur ces contrôles.

188. (687).

Les officiers de recrutement et de gendarmerie,
outre les comptes qu'ils sont tenus de rendre à leurs
capitaines respectifs, donneront, chacun au sous-
préfet de son arrondissement, connaissance de celles

des mutations survenues dans la situation des retardataires et des réfractaires , dont ils seront successivement informés par suite de leurs propres recherches
et des recherches des militaires sous leurs ordres. Le
sous-préfet, à mesure qu'il recevra les avis que lui
transmettront ces officiers, en fera mention sur son
contrôle particulier ; il y inscrira également les
comptes qu'il se fera rendre par les maires.

189. (688).

Le dernier jour de chaque mois, le préfet, le capitaine de gendarmerie et le capitaine de recrutement
se réuniront à la préfecture. Ces officiers s'y rendront
avec leurs contrôles de la poursuite individuelle. Le
préfet, de concert avec ces officiers, comparera leurs
expéditions du contrôle général servant pour la poursuite individuelle, avec le contrôle général servant
pour le recouvrement des amendes et déposé dans ses
bureaux : les renseignemens que ces trois fonctionnaires auront respectivement recueillis, et qu'ils ne
se seront pas encore communiqués, seront de suite
transcrits sur ces divers contrôles.

Le préfet indiquera aux deux capitaines la date de
la condamnation de tous les conscrits dénoncés,
dont le jugement ne sera pas encore connu de ces officiers.

Si, parmi les conscrits dénoncés depuis plus d'un
mois à la date de la réunion, il s'en trouve qui n'aient
pas encore été condamnés, les motifs en seront don-
nés par le préfet, et inscrits par les deux capitaines
sur leurs contrôles.

Après cette opération , le préfet et les deux capitaines extrairont de leurs contrôles le résumé de la situation du département, sous le rapport de la poursuite individuelle des réfractaires. Ce résumé sera conforme au modèle n° 40.

190.   689).

La quatrième expédition du contrôle pour la poursuite individuelle des réfractaires de chaque classe, sera adressée par le capitaine de recrutement au Directeur général, le dernier jour du second mois qui suivra celui dans lequel aura eu lieu la clôture de la session ordinaire du conseil de recrutement pour cette classe : cette expédition comprendra tous les conscrits dénoncés par le capitaine de recrutement, jusques et non compris le premier jour de ce second mois (1).

191.   (690).

Chaque mois, le capitaine de recrutement établira pour chaque classe, un supplément, positif ou négatif, au contrôle général de la poursuite individuelle. Ce supplément sera dressé sur le modèle n° 41.

192.   (691).

Le supplément de chaque mois comprendra les conscrits dénoncés pendant le mois précédent (1).

---

(1) Les conscrits dénoncés pendant le mois au dernier jour duquel la quatrième expédition des contrôles généraux et des supplémens devra être adressée au Directeur général, se trouveront rarement condamnés au dernier jour de ce mois. Afin que cette expédition et ces supplémens ne présentent pas un trop grand nombre de lacunes dans la colonne destinée à indiquer la date des condamnations, il est nécessaire que le contrôle général destiné pour le Directeur général ne com-

193. (692).

Le premier supplément, pour chaque classe, sera envoyé au Directeur général, le dernier jour du troisième mois qui suivra celui dans lequel aura eu lieu la clôture de la session ordinaire du conseil de recrutement pour cette classe. Le second supplément lui sera transmis le dernier jour du quatrième mois, et ainsi de suite de mois en mois.

194. (693).

Avec le supplément de chaque mois, le capitaine de recrutement adressera au Directeur général la liste nominative conforme au modèle n° 42, de ceux des conscrits, compris comme dénoncés sur le contrôle général ou les supplémens déjà transmis, qui, à la date de l'envoi de ces pièces, n'auront pas été condamnés.

Si, au jour de la formation de cette liste, le jugement n'a pas encore eu lieu, le capitaine de recrutement en portera, sur la liste, les motifs que le préfet aura indiqués en exécution du 4$^\mathrm{e}$ paragraphe de l'article 688.

Si, au contraire, le jugement a eu lieu contre les dénoncés, la liste nominative indiquera la date du jugement.

---

prenne point les conscrits dénoncés dans le courant du mois; que ces conscrits soient réservés pour le premier supplément du contrôle; que le second supplément comprenne les conscrits dénoncés dans le mois où le premier supplément aura été formé, et ainsi de suite pour chaque nouveau supplément.

195. (694).

Le capitaine de recrutement adressera au Directeur général, également avec le supplement de chaque mois ,

1° La copie du résumé , prescrit par le dernier paragraphe de l'article 688 , de la situation du département , sous le rapport de la poursuite individuelle des réfractaires ;

2° L'état des mutations survenues , depuis l'envoi du mois précédent , dans la situation de chacun des conscrits portés au contrôle général ou aux supplémens.

196. (695)-

L'état prescrit par le n° 2 de l'article précédent sera dressé sur le modèle n° 43. S'il n'y a point eu de mutations dans le mois , il sera négatif.

197. (696).

Les supplémens et les états de mutations , soit positifs , soit négatifs , prendront , pour chaque classe , les n°ˢ 1 , 2 , 3, etc.

198. (697).

Les cadres imprimés des feuilles nécessaires pour la formation des contrôles généraux servant à la poursuite individuelle , des supplémens et des états de mutations , seront à l'avance envoyés aux capitaines de recrutement.

CHAPITRE II.

SECTION PREMIÈRE. *Poursuite des Retardataires, etc. par voie de perquisition.*

PREMIÈRE SUBDIVISION. *Agens qui peuvent coopérer aux poursuites — Conscrits à comprendre dans ces poursuites.*

199. (700).

Les détachemens de recrutement , les agens de police, les gardes forestiers et champêtres , sont auxiliairement employés à la recherche et à l'arrestation des mêmes individus.

200. (703).

Les conscrits à rechercher sont,

1° Ceux qui ont été condamnés comme *réfractaires;*

2° Ceux qui, n'ayant pas encore été condamnés comme réfractaires , sont désignés , par l'article 651 , sous la dénomination de *retardataires;*

3° Les conscrits compris sous la dénomination d'*omis*, c'est-à-dire ceux qui, ayant atteint l'âge de la conscription, ne se sont point fait porter sur les listes de leur classe ;

4° Ceux des conscrits compris dans les appels à raison de leur numéro, qui, ayant cessé d'être dans un cas d'exception, ont dû marcher, et ne se sont pas présentés pour rejoindre un corps.

DEUXIÈME SUBDIVISION. *Mode à suivre dans la recherche des Réfractaires, des Retardataires, et généralement de tous les Conscrits qui n'ont pas satisfait à leurs obligations. — Réunion, par trimestre, du Préfet, de l'Officier général commandant le département, et de l'Officier de gendarmerie le plus élevé en grade dans le département. — Objet de cette réunion. — Comptes à rendre à LL. EE. le Ministre de l'Intérieur, le premier Inspecteur général de la gendarmerie, et au Directeur général de la conscription.*

201. (709).

Le préfet, lorsqu'il jugera qu'il est nécessaire de porter inopinément dans une ou plusieurs communes un détachement de troupes, afin de saisir les retardataires et les réfractaires appartenant à ces communes, se concertera avec le général commandant le département, l'officier de gendarmerie le plus élevé en grade et le capitaine de recrutement, pour déterminer la force du détachement à y envoyer.

Ce détachement sera pris dans les corps désignés article 701.

Autant que faire se pourra, un officier ou sous-officier de gendarmerie sera mis à la tête du détachement. A défaut, le commandement en sera donné à un officier ou sous-officier de recrutement.

Le maire de la commune où le détachement devra se transporter, sera chargé de l'accompagner, et de donner au commandant du détachement tous les renseignemens qui pourront être nécessaires pour la direction des recherches dans sa commune.

Le commandant du détachement informera successivement du progrès de ses opérations le sous-préfet et l'officier de gendarmerie dans l'arrondissement desquels seront situées les communes où il devra se transporter.

Lorsque le détachement aura terminé son mouvement, le commandant dressera le compte de ses opérations ; et, suivant qu'il appartiendra lui-même à l'arme de la gendarmerie ou au détachement de recrutement, il remettra ce compte au capitaine de gendarmerie ou au capitaine de recrutement, qui en fera passer sur-le-champ une expédition au préfet, et une autre au commandant du département.

202. (715).

Le dernier jour du trimestre, le préfet apportera à la réunion de mois prescrite par l'article 688, les rapports des sous-préfets et l'état numérique qu'en exécution de l'article 714 il en aura fait extraire. Il fera faire à cet état les corrections qui lui paraîtront nécessaires, d'après la comparaison des contrôles qui est l'un des objets de cette réunion.

203. (717).

Le préfet, l'officier général commandant le département et l'officier de gendarmerie le plus élevé en grade, examineront, 1° les rapports que les sous-préfets auront adressés au préfet, conformément à l'article 713 : 2° l'état numérique, par commune, des conscrits restant à rechercher.

Ils prendront connaissance des rapports que le capitaine de gendarmerie et le capitaine de recrutement , présens à la réunion , pourront avoir à leur faire.

Ils rapprocheront de ces documens les autres comptes qui, pendant le trimestre , auront pu leur être partiellement et successivement rendus sur les poursuites effectuées contre les conscrits désobéissans.

Ils résumeront ces divers renseignemens, et dresseront l'état nominatif, 1° des sous-préfets, des maires, des officiers et sous-officiers de gendarmerie , et des agens de la poursuite qui paraîtront avoir fait preuve de zèle ; 2° de ceux qui n'auront pas dirigé les poursuites avec assez d'activité ; 3° de ceux qui pourraient y avoir mis obstacle.

Enfin ils indiqueront, dans la colonne d'observations de l'état numérique, par commune, des conscrits restant à poursuivre, les moyens qu'il leur paraîtra nécessaire d'employer pour atteindre ces conscrits.

204. (718).

Dans les dix premiers jours de chaque trimestre , le préfet adressera au Directeur général une expédition de l'état numérique et de l'état nominatif prescrits par les articles 714 et 717 : avant de lui faire passer l'état nominatif, il le communiquera aux capitaines de gendarmerie et de recrutement , afin que ces officiers en extraient un état particulier qui comprendra les militaires sous leurs ordres.

Le préfet en extraira aussi deux états particuliers comprenant, l'un les sous-préfets et les maires, l'autre les gardes champêtres et forestiers.

205. (720).

Le capitaine de recrutement, en adressant au Directeur général l'état des mutations survenues pendant le trimestre dans le détachement sous ses ordres, y joindra la copie de son état particulier.

TROISIÈME SUBDIVISION. *Mode à suivre pour constater l'arrestation ou la rentrée des Retardataires, des Réfractaires et des individus qui n'ont pas satisfait à la conscription. — Envoi, au chef-lieu du département, des Conscrits arrêtés ou rentrés.*

206. (725),

La feuille d'arrestation sera toujours dressée par la brigade de gendarmerie qui aura arrêté le conscrit, ou entre les mains de laquelle il aura été remis.

En conséquence, lorsqu'un sous-officier de recrutement, garde champêtre ou forestier, ou employé des douanes, ou tout autre agent, aura arrêté un conscrit non en règle; ce conscrit sera remis à la brigade de gendarmerie la plus voisine, avec tous les renseignemens qui auront été recueillis sur son compte, et qui serviront à dresser la feuille d'arrestation.

L'officier ou le sous-officier de gendarmerie, ou le gendarme qui aura reçu le conscrit, en donnera récépissé.

207. (726)

Tout conscrit arrêté par la gendarmerie, ou remis entre ses mains, sera dirigé sur le chef-lieu du département dans lequel l'arrestation aura eu lieu; il de-

vra y parvenir par la correspondance la plus prochaine : pendant la route, il sera déposé dans les maisons d'arrêt.

208. (727).

A l'arrivée du conscrit au chef-lieu du département, il sera remis au capitaine de recrutement,
avec la feuille d'arrestation visée par le capitaine de
gendarmerie, ou, en cas d'absence, par l'officier qui
le remplacera.

Le capitaine de recrutement donnera son récépissé
du conscrit et de la feuille d'arrestation.

209. (733).

Les maires et sous-préfets dirigeront sur le chef-lieu
et adresseront au capitaine de recrutement les conscrits qui se seront volontairement représentés devant
eux ; ils leur feront délivrer une feuille de route qui
fera mention de leur rentrée volontaire. Ces conscrits
marcheront librement.

Ceux qui se présenteront devant le préfet, seront
de suite remis au capitaine de recrutement.

210. (734).

Les maires et sous-préfets donneront sur-le-champ
aux officiers ou sous-officiers de recrutement de leurs
arrondissemens respectifs, avis de la rentrée des
conscrits qui se seront représentés volontairement.

Les sous-officiers de recrutement transmettront sur-
le-champ à leur officier d'arrondissement les avis qui
leur parviendront : les officiers adresseront ces avis,
ainsi que ceux qu'ils auront directement reçus, au
capitaine de recrutement chargé de veiller à ce que

les conscrits rentrés volontairement se rendent au chef-lieu du département.

211. (735).

Les feuilles d'arrestation des conscrits arrêtés et les feuilles de route des conscrits rentrés, serviront, avec les contrôles généraux de la poursuite individuelle, à former le contrôle de départ de ces conscrits pour leur destination.

SECTION II. *Poursuite par voie de Garnisaires.*

PREMIÈRE SUBDIVISION. *Cas où la poursuite par voie de Garnisaires doit avoir lieu sur l'ordre des Préfets, sans l'autorisation du Directeur général de la conscription. — Individus chez lesquels les Garnisaires doivent être placés. — Nombre de Garnisaires pouvant être employés. — Frais de Garnisaires, ou sommes à payer, pour chaque Garnisaire, par les individus chez lesquels il en est placé. — Durée de la Garnison.*

212. (739).

Les garnisaires seront placés chez les pères et mères des retardataires et réfractaires, et simultanément chez les retardataires et réfractaires, s'ils ont une habitation distincte de celle de leurs pères et mères.

213. (740).

Les préfets pourront ne point envoyer la garnison chez ceux des pères et mères de retardataires qui seront notoirement connus pour n'avoir point favorisé la désobéissance de leurs enfans, ou qui seront absolument hors d'état de payer les frais de la garnison.

214. (745).

Indépendamment du logement militaire en nature, tel qu'il est dû aux troupes en marche ou en garnison, lorsqu'elles sont logées chez les habitans, les garnisaires placés par les préfets en vertu de l'art. 738, recevront une solde qui ne pourra excéder le taux suivant, savoir :

Pour chaque soldat........................ 1^f 00^c

Pour chaque caporal..................... 1   25

Pour chaque sergent, et pour chaque brigadier et maréchal - des - logis , soit de gendarmerie , soit d'autres troupes à cheval.... 1   75

Pour chaque officier , quelle que soit son arme............................. 3   00

215. (746).

Lorsque les garnisaires seront montés, il sera alloué 2 fr. pour la ration de chaque cheval.

216. (747).

Les garnisaires auront droit aux sommes fixées articles 745 et 746, à dater du jour de leur départ , soit du chef-lieu du département, soit du lieu de leur résidence, jusqu'au jour de leur retour dans leur garnison habituelle, ou dans leur résidence.

217. (748).

Chaque détachement de garnisaires sera accompagné d'un porteur de contraintes.

Un même porteur de contraintes pourra, lorsque les localités le permettront, être employé en même temps près de plusieurs détachemens de garnisaires.

Le salaire des porteurs de contraintes sera fixé par

les préfets ; il sera réglé sur le nombre de détachemens auxquels ils seront attachés.

218. (749).

Tout individu chez lequel la garnison sera placée paiera , suivant le nombre et le grade des garnisaires qui lui seront envoyés , et pour le nombre de jours qu'ils demeureront chez lui, les sommes que le préfet aura fixées pour leur solde, d'après les bases indiquées art. 745.

Il paiera , en outre , si les garnisaires sont montés, la somme de 2 fr. fixée par l'art. 746, pour la nourriture de leurs chevaux.

Enfin il paiera par chacun des garnisaires placés chez lui, et par jour, un supplément d'un franc, qui sera mis en fonds commun, pour servir,

1° A payer la solde due aux garnisaires pour l'aller et le retour, et le salaire du porteur de contraintes ;

2° A suppléer, au besoin, au défaut de paiement d'une partie des frais de garnison.

219. (750).

Les garnisaires envoyés conformément à l'art. 749, pourront être maintenus chez le même individu pendant un mois, à compter du jour où ils auront été placés.

Seconde subdivision. *Cas où le nombre des Garni-saires placés par les Préfets et la durée de la gar-nison peuvent être augmentés, avec l'autorisation du Directeur général de la conscription. — Cas où les frais de Garnisaires peuvent être augmentés, avec l'autorisation de son Exc. le Ministre de la guerre, provoquée par le Directeur général, sur la demande des Préfets. — Cas où, avec l'autori-sation de son Exc. le Ministre de la guerre, sol-licitée de la même manière, les communes peuvent être rendues solidaires pour le paiement des frais de Garnisaires. — Personnes qui doivent être exemptes de la solidarité.*

220. (751).

Lorsque, dans les vingt premiers jours du place-ment des garnisaires dans une commune, les retar-dataires et réfractaires ne seront pas tous rentrés, le préfet, s'il juge que, dans les dix jours suivans, ceux qui n'auront pas encore reparu ne seront pas tous arrêtés, ou ne se représenteront pas, devra en rendre compte au Directeur général : il lui indiquera de quel nombre d'hommes et pour quel nombre de jours il lui paraîtra nécessaire d'augmenter la force et la durée de la garnison ; en outre, il lui fera con-naître s'il pense que ce surcroît sera suffisant pour faire rentrer dans l'obéissance les retardataires et ré-fractaires restant à poursuivre.

221. (752).

Si les préfets pensent qu'il soit nécessaire d'aug-menter les frais de la garnison, en élevant la solde des garnisaires , ils le feront également connaître au Directeur général , et lui indiqueront à quel taux ils proposent de porter la journée des garnisaires.

222. (753).

La journée des garnisaires pourra , dans le cas prévu article 752 , être élevée jusqu'au taux suivant, qui sera le *maximum*, savoir :

Pour chaque soldat ou simple garnisaire.. 3f 50c

Pour chaque caporal..................... 4 00

Pour chaque sergent, brigadier et maréchal-des-logis de gendarmerie ou de toute autre troupe à cheval........................... 4 50

Pour chaque officier.................. 5 50

Si les garnisaires sont montés, il sera payé, de plus , deux francs pour la ration de chaque cheval.

Le supplément d'un franc , à mettre en fonds commun, sera également payé, ainsi qu'il est prescrit au second paragraphe de l'article 749.

223. (754).

Les préfets demanderont *necessairement* l'autorisation d'augmenter les frais de garnison ,

1° S'ils ne jugent pas suffisant que le nombre des garnisaires soit élevé à six, au lieu de quatre, par individu soumis à la garnison, et que la durée de la garnison soit portée d'un mois à six semaines;

2° Si, ayant d'abord jugé suffisant cet accroissement du nombre des garnisaires et de la durée de la garnison, il reste cependant à poursuivre des retardataires ou des réfractaires après six semaines de garnison.

224. (755).

Les préfets demanderont *necessairement* l'autorisation de rendre les habitans d'une même commune solidaires pour le paiement des frais de la garnison,

1° Lorsqu'ils reconnaîtront que les réfractaires ou retardataires, et leurs pères et mères, sont hors d'état de payer ces frais sur-le-champ ;

2° Lorsque la durée de la garnison, le nombre des garnisaires et les frais auront été augmentés contre les mêmes individus, et que ce surcroît de moyens n'aura point fait rentrer, dans les quinze jours, les retardataires et les réfractaires ;

3° Lorsque la commune appartiendra à un canton qui comptera, parmi ses conscrits, un nombre de retardataires ou de réfractaires égal ou supérieur au huitième des contingens que ce canton aura dû fournir sur les cinq classes de conscription les dernières appelées ;

4° Lorsque le nombre des retardataires et réfractaires de la commune, réuni à celui des déserteurs des corps, sera, sur cent cinquante habitans, d'un et au-dessus.

225. (756).

La solidarité imposée aux habitans d'une commune, consistera à faire supporter par les plus imposés d'entre eux, sauf les exceptions indiquées articles 758, 759 et 760, l'avance des frais de garnisaires.

226. (757).

Les habitans soumis à la solidarité, conserveront

leur recours contre les retardataires, les réfractaires et leurs pères et mères , pour être remboursés de l'avance qu'ils auront faite des frais de garnisaires.

227. (758).

Sont exempts de la solidarité ,

1° Les habitans qui ont un fils en activité ou mort au service, ou revenu de l'armée avec un congé absolu pour ancienneté de service ou pour blessures ou infirmités acquises au service, pourvu qu'il n'en aient pas un autre en état de désobéissance, et qu'ils ne soient pas reconnus pour favoriser la désobéissance des conscrits ou des déserteurs ;

2° Ceux qui ont eux-mêmes servi et sont revenus de l'armée avec un congé absolu pour ancienneté de service , ou pour blessures ou infirmités contractées au service, pourvu qu'ils ne soient pas reconnus pour favoriser la désobéissance des conscrits, ou qu'ils n'aient pas eux-mêmes été condamnés précédemment comme réfractaires ou comme déserteurs;

3° Les personnes absentes de la commune depuis trois mois au moins.

228. (759).

L'exemption de la solidarité s'étendra aux pères et mères ,

1° Des conscrits faisant partie de l'inscription maritime ;

2° Des graveurs du département de la guerre , et des ouvriers des manufactures d'armes ;

3° Des conscrits ayant obtenu l'exception, comme adjoints-commissaires des guerres; comme officiers de santé commissionnés par LL. EE. le Ministre de la guerre et le Ministre de la marine ; enfin comme artistes vétérinaires tirés des écoles de Lyon, de Turin et d'Alfort, pour être employés par le Gouvernement ;

4° Des élèves des écoles spéciales militaires et des écoles spéciales et pratiques de la marine ; de ceux des élèves du Prytanée militaire dont il est question au n° 8 de l'article 152 ; des élèves passés de l'école polytechnique aux écoles d'application ; des élèves de l'école polytechnique ; enfin des élèves de l'école de l'administration de la marine.

229. (760).

L'exemption de la solidarité pourra s'étendre aux fonctionnaires publics dont le zèle et les services, notoirement connus, auront contribué au succès des levées.

230. (763).

Le temps a partir duquel les garnisaires devront être employés conformément aux autorisations transmises aux préfets par le Directeur général, commencera à courir du jour de leur installation sur le pied fixé par ces autorisations, sans avoir égard au temps pendant lequel ces garnisaires auront été placés précédemment.

Le séjour des garnisaires ne pourra être prolongé au-delà du terme fixé par l'autorisation.

Troisième subdivision. *Choix des Garnisaires.*

231. (764).

Les détachemens à employer comme garnisaires, seront fournis,

1° Par les corps de ligne, tant d'infanterie que de cavalerie, stationnés dans l'étendue du département ou de la division militaire;

2° Par la gendarmerie;

3° Par le détachement de recrutement;

4° Par la compagnie de réserve du département;

5° Par les vétérans attachés au service du département;

6° Par les militaires en retraite qui seront jugés propres à ce genre de service.

232. (770).

Lorsque le préfet jugera qu'il est nécessaire d'ajouter quelques officiers et sous-officiers de recrutement aux détachemens destinés à tenir garnison, il indiquera au capitaine de recrutement le nombre de ces militaires, leur grade, leur destination, et le jour où ils devront se mettre en route pour s'y rendre.

A moins de motifs reconnus légitimes par le commandant du département, qui fera connaître ces motifs par écrit au préfet, le capitaine de recrutement ne pourra se dispenser de mettre à la disposition du préfet le nombre d'officiers et de sous-officiers de recrutement qui aura été jugé nécessaire pour l'établissement de la garnison.

233. (771).

Le commandement des détachemens destinés à tenir garnison, appartiendra à l'officier ou sous-officier de gendarmerie le plus élevé en grade parmi ceux qui feront partie des détachemens.

A défaut d'officiers ou de sous-officiers de gendarmerie, les détachemens devront être composés de maniere que le commandement puisse en être donné à un officier ou sous-officier de recrutement.

S'il n'est pas possible d'adjoindre aux détachemens des officiers ou sous-officiers de gendarmerie ou de recrutement, égaux en grade aux autres militaires composant les détachemens, le commandement appartiendra à celui de ces derniers militaires qui sera du grade supérieur.

QUATRIÈME SUBDIVISION. *Mode à suivre pour le Placement et pour la Levée, totale ou partielle, de la Garnison.*

234. (772).

Lorsque la garnison devra être envoyée dans une commune, le préfet dressera l'état des conscrits retardataires et réfractaires qui donneront lieu à l'établissement de la garnison; du nombre, du grade et de l'arme des garnisaires à placer simultanément chez les pères et mères de ces conscrits, et au domicile de ces conscrits s'ils en ont un distinct de celui de leurs pères et mères; des sommes à payer pour chaque journée de garnisaires; enfin, du jour où la garnison devra être établie chez les particuliers qui devront la recevoir.

235. (773).

S'il arrive que le même détachement doive se porter dans plusieurs communes du même canton, ou dans plusieurs cantons du même arrondissement de sous-préfecture, ou dans plusieurs arrondissemens du même département, l'état prescrit par l'article précédent comprendra collectivement les retardataires

5.

et réfractaires que ce détachement sera chargé de faire rentrer. Il indiquera dans quel ordre les garnisaires composant le détachement devront s'établir dans les arrondissemens, les cantons et les communes, ainsi qu'au domicile des particuliers soumis à la garnison.

236. (774).

L'état prescrit par l'article 772 sera dressé, d'après le nombre des garnisaires qui auront été mis à la disposition du préfet et la situation des cantons et des communes : le préfet aura également égard à l'esprit des habitans et au mode suivant lequel le placement des garnisaires devra avoir lieu, soit que le préfet l'ait ordonné, conformément à l'article 738, soit que l'ordre lui en ait été adressé par le Directeur général, soit enfin que la durée, la force et les frais de la garnison aient été augmentés, ou que la solidarité des communes ait été prononcée.

237. (775).

S'il est nécessaire que les garnisaires soient simultanément placés dans plusieurs communes, ou plusieurs cantons, ou plusieurs arrondissemens, et formés en détachemens partiels sous la direction d'un même officier, l'état prescrit par l'article précédent comprendra toutes les communes où ces détachemens devront être envoyés, et sera remis à l'officier chargé de diriger ces détachemens.

Des états particuliers extraits de l'état général, et formés dans les bureaux du préfet, seront remis aux commandans des détachemens partiels.

238. (776).

Les commandans des détachemens qui auront à se porter dans le même arrondissement, présenteront aux sous-préfets les états et les ordres qu'ils auront reçus.

Le sous-préfet, après en avoir pris connaissance, pourra, s'il le juge nécessaire, modifier l'ordre suivant lequel devront être placés les garnisaires de chaque détachement.

Le sous-préfet rendra, sur-le-champ, compte au préfet des changemens qu'il aura ordonnés, et les commandans des détachemens en tiendront note exacte sur leur état, chacun pour son détachement.

239. (777).

Si les détachemens envoyés dans les arrondissemens de sous-préfecture doivent opérer simultanément dans plusieurs communes, les états dressés pour ces détachemens seront subdivisés, dans le bureau du sous-préfet, en état partiels par communes.

L'état de chaque commune sera remis au militaire qui aura le commandement de la portion de détachement envoyée dans cette commune.

240. (778).

Lorsque, dans un département, les garnisaires seront subdivisés ainsi qu'il est dit aux articles 775 et 777, les instructions qui seront données aux commandans des détachemens et des portions de détachement, leur feront connaître dans quel ordre ces détachemens ou portions de détachement devront se distribuer ou se réunir et rentrer, soit au chef-lieu de la sous-préfecture ou au chef-lieu du département, soit à leur corps , à leur résidence , ou dans leurs foyers.

241. (779).

Le commandant des garnisaires qui seront envoyés dans une commune , présentera au maire ses instructions ; et, de concert avec lui, il procédera sur-le-champ au placement des garnisaires.

242. (780).

Les commandans des garnisaires se placeront chez les particuliers qui leur seront désignés comme ayant montré le plus d'insoumission.

243. (781).

Le commandant d'un détachement de garnisaires ne pourra en placer chez les particuliers qui ne seraient pas indiqués sur l'état qui lui aura été remis, ni dépasser, pour chaque particulier, le nombre fixé par le même état.

244. (782).

Lorsqu'un retardataire ou réfractaire aura été arrêté ou se sera représenté, les garnisaires placés chez lui et chez ses père et mère en seront retirés sur-le-champ.

245. (784).

Lorsque le préfet recevra l'autorisation ou l'ordre d'augmenter la force, la durée, et les frais, de la garnison , il déterminera sur - le - champ le nombre d'hommes et de journées de garnison , avec les sommes par jour dont la charge de chaque individu soumis aux garnisaires sera augmentée. Le préfet donnera de suite avis de ces nouvelles dispositions au commandant des garnisaires et au sous-préfet, et leur indi-

quera l'ordre dans lequel ils devront les faire mettre
à exécution.

Dans les vingt-quatre heures de l'avis transmis par
le préfet, le sous-préfet le notifiera aux maires.

Le commandant des garnisaires, si plusieurs détachemens partiels sont sous sa direction, donnera,
sur-le-champ communication du même avis aux commandans de ces détachemens. Ceux-ci le notifieront
de suite aux commandans des portions de détachement, s'il en a été formé.

Les maires et les commandans des garnisaires établis dans les communes, procéderont de suite à l'exécution des ordres qu'ils auront reçus.

246. (788).

Les commandans de garnisaires annoteront exactement, sur l'état des individus soumis à la garnison,
la date du jour où les garnisaires auront été placés
chez chaque individu, le nombre de ces garnisaires,
les augmentations qui auront eu lieu dans la durée,
la force et les frais de la garnison, les dates auxquelles
chacune de ces augmentations aura eu lieu, la date
à laquelle les habitans des communes auront été rendus solidaires pour le paiement des frais, le nombre
des journées de garnisaires que chaque individu aura
dû payer pour chacun des prix fixés, la date des rentrées et arrestations des hommes recherchés, la date
de la levée partielle ou totale de la garnison, les motifs de cette levée, lorsqu'elle n'aura pas été la suite
des rentrées ou des arrestations; enfin toutes les cir
constances de l'opération.

Ces militaires devront également annoter sur ces états,

1° Le jour de leur départ de chaque lieu, soit pour se rendre dans une première commune ou passer dans une autre, soit pour se réunir à un autre détachement ou portion de détachement, soit pour rentrer au chef-lieu du département, ou pour être renvoyés à leurs corps, ou à leur résidence; ou dans leurs foyers;

2° la date de leur arrivée dans chaque lieu;

3° La date à laquelle leur détachement aura été renforcé par un autre détachement, et le nombre d'hommes de renfort.

247. (789).

Les annotations prescrites par l'article précédent serviront à arrêter définitivement la comptabilité de chaque détachement, ainsi qu'à faire connaître de quelle manière les détachemens auront rempli leur mission; elles devront être certifiées, commune par commune, par le maire ou son adjoint, et aux chefs-lieux d'arrondissement par les sous-préfets.

248. (790).

Le commandant des garnisaires, lorsqu'il sera chargé de diriger plusieurs détachemens partiels, les formera de manière qu'aux lieux où seront placés les commandans, une réserve soit tenue disponible pour que la correspondance à établir entre lui et ces commandans puisse être promptement faite, et pour que les conscrits arrêtés ou rentrés soient conduits, sans retard, et sous une escorte suffisante, au chef-lieu du département.

249. (791).

Les hommes composant la réserve disponible prescrite par l'article précédent, seront pris sur les garnisaires assignés aux individus chez lesquels il en devra être placé plus d'un. Le commandant des garnisaires du département fera et présentera à l'approbation du préfet la répartition de ces hommes. Le préfet la certifiera sur les états de détachemens partiels, et le sous-préfet sur les états des portions de détachement. Si le commandant des garnisaires du département n'a pu faire cette répartition, il en chargera les commandans des détachemens partiels : ceux-ci l'établiront de concert avec le sous-préfet, qui la certifiera.

250. (792).

Indépendamment du mode prescrit par la présente subdivision, le préfet, l'officier général commandant le département, l'officier supérieur de gendarmerie et le commandant des garnisaires pourront prescrire, chacun en ce qui le concerne, les dispositions qui leur paraîtront convenables, pour que l'opération soit régulière et atteigne sûrement le but, et pour que les résultats leur en soient promptement connus.

CɪɴQUɪÈME SUBDIVISION. *Recherches à faire par les Garnisaires. — Remise à la Gendarmerie, des Retardataires, des Réfractaires et des Conscrits n'ayant pas satisfait à leurs obligations, arrêtés par les Garnisaires ou rentrés par l'effet de la garnison. — Réunion de ces hommes aux lieux désignés par les Commandans des détachemens de garnisaires. — Leur direction sur le chef-lieu du département.*

251. (793).

Les garnisaires se livreront, pendant la durée de leur service, à la recherche des retardataires et des réfractaires désignés dans les états qui leur auront été remis. Au besoin, ils prêterout à la gendarmerie main-forte pour l'arrestation de ces conscrits.

252. (794).

Les commandans de garnisaires prendront connaissance des dispositions prescrites par les art. 708 et 710 ; indiquant le mode à suivre pour la recherche des conscrits qui n'ont pas satisfait à leurs obligations ; ils feront exécuter ces dispositions par les garnisaires sous leurs ordres.

253. (795).

A mesure qu'un retardataire ou un réfractaire, ou tout autre individu n'ayant pas satisfait aux lois sur la conscription, sera arrêté par les garnisaires ou se présentera devant eux ; la remise en sera faite à la gendarmerie du lieu, ou à la brigade la plus voisine.

254. (796).

Tout individu qui, en exécution de l'article précédent, aura été remis à la gendarmerie, devra être conduit et parvenir par la correspondance la plus prochaine, au lieu désigné par le commandant des garnisaires pour la réunion des conscrits que son détachement arrêtera, ou qui se représenteront volontairement.

255. (797).

Les conscrits réunis au lieu désigné par le commandant des garnisaires, y resteront jusqu'à ce que les opérations de son détachement soient terminées, ou jusqu'à ce que ces conscrits soient réunis en nombre suffisant pour former un convoi.

256. (798).

Chaque convoi sera conduit de brigade en brigade au chef-lieu du département; il sera escorté par les brigades, qui se releveront sur la route, et par un détachement des garnisaires tenus disponibles pour ce service, en exécution de l'article 790 : au besoin, des sous-officiers de recrutement seront joints à ce détachement.

L'escorte fournie par les garnisaires et les sous-officiers de recrutement, ira jusqu'au chef-lieu du département.

La gendarmerie prendra toutes les mesures nécessaires pour qu'aucun des individus du convoi ne puisse s'échapper en route.

Le récépissé des convois qui seront conduits au chef-lieu, sera donné par le capitaine de recrutement

... commandant de l'escorte , qui le remettra au commandant des garnisaires.

257. (799).

Depuis le jour où un conscrit retardataire ou réfractaire , ou tout autre conscrit n'ayant pas satisfait à ses obligations , sera arrêté, ou se sera représenté par suite des opérations des garnisaires , jusqu'au jour de son arrivée au chef-lieu du département, il sera déposé dans les maisons d'arrêt.

SIXIÈME SUBDIVISION. *Surveillance et Discipline auxquelles les Garnisaires sont soumis.*

258. (800).

Les détachemens de garnisaires seront soumis, pour la police et la discipline, à tous les réglemens militaires.

259. (801).

Les garnisaires ne pourront , sous aucun prétexte, rien exiger des particuliers chez lesquels ils seront établis, au-delà de ce qui leur est accordé par la présente Instruction.

260. (802).

Les plaintes que les particuliers pourront avoir à faire contre les garnisaires , seront portées devant le maire ou son adjoint.

Le maire ou l'adjoint communiquera ces plaintes au commandant des garnisaires établis dans la commune, et en rendra compte au sous-préfet, qui, sur-le-champ , en informera le préfet.

261. (803).

Le commandant des garnisaires, suivant la gravité des plaintes qui lui auront été portées, et après avoir vérifié les faits, infligera les punitions qui seront de sa compétence ; il donnera les ordres nécessaires pour la répression des abus, ou, s'il ne commande qu'une portion du détachement, il en référera au commandant du détachement, qui prononcera sur la plainte suivant sa compétence, et en rendra compte au préfet, ainsi qu'au commandant militaire du département.

262. (804).

Dans les cas de délits graves commis par un ou plusieurs garnisaires, ces hommes devront être sur-le-champ relevés, remplacés, et, s'il y a lieu, arrêtés.

263. (805).

Lorsqu'un détachement ou portion de détachement de garnisaires quittera la commune où il aura été employé, le commandant requerra le maire ou l'adjoint de lui délivrer un certificat de bien-vivre.

S'il a été porté des plaintes contre quelques garnisaires, le certificat en fera mention ; il relatera aussi, s'il y a lieu, les dispositions faites pas le commandant, pour la répression des abus et la punition des délinquans.

Ces certificats de bien-vivre seront remis au préfet par le commandant des garnisaires.

264. (806).

Les maires ou adjoints pourront refuser le certificat de bien-vivre. Ils ne seront pas tenus de donner au commandant des garnisaires les motifs de leur refus.

Ils en rendront un compte particulier au sous-préfet, qui fera connaître au préfet les motifs du refus.

SEPTIÈME SUBDIVISION. Versement , entre les mains des Commandans des Garnisaires , des sommes dues pour frais de garnison. — Comptes de Recettes et de Dépenses à tenir par ces Commandans. — Remise de ces Comptes au Préfet.

265. (807).

Les maires ou adjoints remettront, sur récépissé , aux commandans des garnisaires établis dans leurs communes respectives, les sommes payées pour les frais de la garnison.

266. (808).

Pour chaque détachement ou portion de détachement, un sous-officier faisant fonctions de fourrier, sera dépositaire des sommes destinées au paiement des garnisaires.

Il sera spécialement chargé de pourvoir à la subsistance des hommes et à la nourriture des chevaux.

S'il arrive qu'un commandant de détachement ou de portion de détachement de commune n'ait point de sous-officiers en état de remplir sous ses ordres les fonctions de fourrier, ce commandant s'en chargera lui-même.

267. (809).

Chaque commune donnera lieu à un compte de

recette séparé; il devra être visé et certifié par le maire ou l'adjoint de la commune.

268. (810).

Un même compte de dépense comprendra toutes les dépenses faites par un même détachement, depuis le jour de sa formation jusqu'à celui de sa réunion à un autre détachement; il sera, quant à la dépense pour la nourriture des chevaux des garnisaires montés, visé et certifié par les maires ou adjoints des communes où ces garnisaires montés auront été placés.

269. (811).

Lorsqu'une portion de détachement devra le quitter pour faire partie d'un autre détachement, elle cessera d'être comprise dans le compte de dépense de ce premier détachement, le jour même qu'elle s'en séparera : à partir de ce jour, elle entrera dans le compte de dépense du détachement auquel elle ira se réunir.

270. (812).

Les portions de détachement qui devront retourner à leur corps ou à leur résidence, ou rentrer dans leurs foyers, continueront d'être comprises dans les comptes de dépense, jusqu'au jour où elles devront être de retour au corps, à leur résidence ou dans leurs foyers.

271. (813).

Si l'un des détachemens partiels dirigés par un même officier doit retourner à son corps, ou se dissoudre pour rentrer en résidence ou dans ses foyers,

le commandant de ce détachement, avant de se mettre
en route, arrêtera son compte de dépense, et l'adressera, avec son compte de recette, au commandant
des garnisaires du département.

272. (814).

Dès que les opérations des garnisaires seront terminées, les comptes de recettes et de dépenses seront remis au préfet.

Huitième subdivision. *Moyens d'assurer le recouvrement des Sommes à payer comme frais de Garnisaires, et d'y suppléer au besoin.*

273. (817).

Le porteur de contraintes se présentera chez chaque
particulier, au moment même de l'établissement des
garnisaires à son domicile, et lui fera commandement
d'avoir à consigner, dans trois heures, pour tout
délai, entre les mains du maire, ou de l'adjoint qui
sera désigné dans l'état exécutoire, le montant, pour
cinq jours, des frais de garnison pour lesquels il sera
compris dans l'état.

Pareil commandement sera renouvelé le matin du
sixième jour, du onzième, du seizième, etc., tant
que devra durer la garnison.

274. (818).

En cas de non-consignation dans le délai fixé, il
sera fait, dans le jour, par le porteur de contraintes,
en présence du maire ou de son adjoint, et, à leur
défaut, du commandant des garnisaires, itératif commandement d'effectuer la consignation ; à défaut d'y

deférer sur-le-champ, il sera procédé à la saisie des meubles et effets du non-consignataire. Le porteur de contraintes dressera sur-le-champ procès-verbal de la saisie.

275. (820).

Les sommes consignées, ainsi que le produit des ventes, déduction faite des frais de saisie et vente qui seront payés à qui de droit, seront déposées, sur récépissé, entre les mains du maire, qui, aux termes de l'article 807, les remettra, sans retard, au commandant des garnisaires, et en tirera décharge.

276. (821).

Au départ des garnisaires, le préfet avancera toujours au commandant de chaque détachement la solde pour le temps de la route et pour les cinq premiers jours de station. L'avance sera prise, soit dans la caisse de la compagnie de réserve, si cette compagnie fournit à elle seule les garnisaires; soit dans la caisse du receveur général du département, à prendre sur les fonds de non-valeurs, si les garnisaires sont pris parmi toute autre troupe, ou choisis parmi les militaires en retraite, sauf à remplacer les sommes empruntées, par le montant des consignations et par le produit des ventes des meubles et effets saisis.

277. (822).

Les commandans des détachemens de garnisaires ne formeront qu'un même fonds de l'avance qui leur aura été faite en exécution de l'article précédent, et des sommes provenant des consignations et ventes qui auront lieu pour le paiement des frais de la gar-

nison. Ils prendront sur ce fonds la solde des garnisaires, la nourriture des chevaux, et le salaire des
porteurs de contraintes.

278. (823).

Les états de prêt, tant pour la solde des hommes
que pour la nourriture des chevaux, seront visés,
de cinq jours en cinq jours, par le maire ou son
adjoint.

Le maire ou adjoint exigera que les garnisaires,
montés ou non montés, se présentent à la maison
commune, pour y être passés par lui en revue. Il
s'assurera sur-tout qu'aucun autre que les garnisaires
désignés pour le service de la correspondance ou des
conduites, ainsi qu'il est dit art. 790, n'est absent de
la commune.

279. (824).

Les commandans des détachemens qui devront se
réunir à d'autres détachemens, remettront au commandant sous les ordres duquel ils passeront, les
sommes qu'ils n'auront pas dû employer. Ce dernier
s'en chargera en recette, les ajoutera à ses autres
fonds, et en donnera décharge.

Si, au contraire, le commandant d'un détachement, réuni à un autre, a reçu une somme inférieure
à celle qui est nécessaire pour la solde de son détachement, la nourriture des chevaux, et le salaire du
porteur de contraintes, la différence lui sera remise
par le commandant du détachement auquel il se réu-
nira. Celui-ci tirera décharge de la somme qu'il re-
mettra, et portera sur son compte cette somme en
dépense.

(121)

280. (825).

Le préfet se fera rendre compte fréquemment du montant des sommes qui proviendront des consignations, saisies et ventes, afin que, s'il devient nécessaire de faire aux détachemens des garnisaires une avance additionnelle à celle de l'aller et des cinq premiers jours de station, cette avance puisse leur être faite au temps convenable. Elle sera prise dans les caisses désignées art. 821, et y sera réintégrée par les mêmes moyens.

281. (826).

Le commandant des garnisaires, en remettant au préfet les comptes de recette et de dépense, ainsi qu'il est dit article 814, lui remettra également les sommes demeurées entre ses mains, comme ayant excédé les frais effectifs pour l'aller, le séjour et le retour des garnisaires. Il tirera récépissé de ces sommes et des comptes.

SECTION II. *Remplacement des Réfractaires non arrêtés ou non rentrés dans le mois de leur condamnation.*

282. (844.)

Le trente-unième jour après celui où un conscrit aura été condamné comme réfractaire, le capitaine de recrutement, s'il n'est pas informé de son arrestation ou de sa rentrée volontaire, requerra le préfet d'appeler un autre conscrit pour en tenir lieu.

283. (845).

S'il arrive qu'un réfractaire rentré volontairement dans le mois de sa condamnation, soit réformé ou ajourné, ou ne rejoigne pas sa destination, il cessera d'être compté en déduction du contingent, et le capitaine de recrutement, aussitôt qu'il en sera informé, requerra le préfet d'ordonner l'appel d'un autre conscrit.

284. (846).

Il en sera de même des réfractaires arrêtés dans le mois de leur condamnation, qui se trouveront dans le cas prévu par le premier paragraphe de l'article 835, et qui obtiendront leur réforme.

CHAPITRE IV.

Section première. *Etablissement des Dépôts departementaux.*

285. (848).

Les conscrits qui seront envoyés au chef-lieu du département pour être dirigés sur le dépôt général des réfractaires, seront déposés au chef-lieu dans un local sain et sûr.

Le local désigné par les préfets prendra le nom de Dépôt départemental des réfractaires.

Section II. *Réception, dans les dépôts departementaux, des Conscrits qui doivent y être réunis. — Police, discipline, surveillance et administration de ces Conscrits.*

286. (856).

Le capitaine de recrutement sera chargé de la police, de la discipline, de la surveillance et de l'administration du dépôt départemental, lors même que ce dépôt serait établi dans le même bâtiment que la prison militaire.

287. (857).

Le préfet désignera, pour inspecter le dépôt, un officier de santé qu'il choisira parmi ceux qui seront chargés du service dans les hôpitaux et les prisons militaires du chef-lieu. Cet officier de santé veillera, conjointement avec le capitaine de recrutement, à ce que le dépôt soit toujours dans l'état de propreté et de salubrité nécessaire pour la santé des détenus.

288. (858).

La compagnie de réserve, ou la gendarmerie, suivant que le dépôt départemental sera établi dans leur caserne, sera chargée de la garde des conscrits détenus dans ce dépôt.

289. (859).

Les conscrits qui, au moment de leur arrestation, se trouveront dans un besoin urgent d'effets d'habillement et de petit équipement, devront en recevoir à leur arrivée au dépôt départemental. Le capitaine de recrutement sera chargé de les leur faire fournir.

290. (860).

Il sera retenu sur la solde des conscrits détenus au dépôt départemental, cinq centimes par jour, destinés à former la masse des deniers de poche.

La portion de masse revenant aux conscrits qui

devront être dirigés sur le dépôt général, leur sera remise au moment du départ. La distribution en sera faite par le préfet, sur le rapport du capitaine de recrutement, et d'après les bonnes dispositions que les conscrits auront montrées pendant le temps de leur détention.

La portion de masse revenant aux conscrits qui obtiendront d'être dirigés sur des corps, conformément à l'art. 831, ou qui seront examinés par le conseil de recrutement, en exécution de l'art. 833 et du premier paragraphe de l'art. 835, leur sera remise en entier, au moment de leur départ ou de leur mise en liberté.

291. (861).

Les conscrits arrêtés et conduits au dépôt du chef-lieu, seront, pour leur subsistance, répartis, quel que soit leur nombre, entre les différens ordinaires de la compagnie de réserve. Un sous-officier, désigné par le capitaine de recrutement, sera spécialement chargé de veiller à leur subsistance ; s'il s'aperçoit de quelque irrégularité dans cette partie du service, il en fera sur-le-champ son rapport au capitaine de recrutement, qui transmettra ce rapport au préfet, à l'effet de punir la fraude et de la prévenir par la suite.

292. (862).

Le capitaine de recrutement veillera à ce que les diverses fournitures auxquelles les conscrits auront droit pendant leur détention au dépôt départemental, leur soient exactement faites.

293. (863).

Les conscrits détenus au dépôt du chef-lieu seront soumis à la discipline militaire, aux appels et aux exercices prescrits pour les corps de l'armée.

Si le local dans lequel ils seront détenus est assez spacieux pour qu'on puisse leur apprendre les premières manœuvres, ils y seront exercés dès le jour de leur arrivée. Le capitaine de recrutement désignera un sous-officier pour ces exercices, et il tiendra la main à ce qu'ils soient faits aux heures qu'il aura prescrites.

Ces conscrits pourront aussi être employés aux travaux d'utilité publique, s'il s'en trouve à faire au chef-lieu ; le préfet et le capitaine de recrutement pourront, à cet effet, se concerter avec qui de droit ; mais ils devront prendre les précautions nécessaires pour prévenir toute évasion.

SECTION III. *Vérification de la position des Conscrits détenus dans les dépôts départementaux. — Mise en liberté des Conscrits reconnus être en règle. — Examen des Conscrits à diriger sur des corps ; leur départ, leur réforme ou leur ajournement. — Évasions du dépôt et de l'hôpital du chef-lieu. — Décès.*

294, (864).

Dans les vingt-quatre heures de la réception d'un conscrit au dépôt départemental, le capitaine de recrutement extraira de la feuille d'arrestation ou de la feuille de route de ce conscrit, la note indicative de ses nom et prénoms, de ceux de ses père et mère, et de sa classe de conscription, sa commune, son canton et son département. Il fera remettre sur-le champ cette note au préfet.

295. (865).

Sur les renseignemens qui lui auront été transmis par le capitaine de recrutement, le préfet vérifiera la situation des conscrits détenus au dépôt départemental. Si le préfet juge que les renseignemens sont insuffisans, il pourra interroger ou faire interroger les conscrits. A cet effet, et sur la demande du préfet adressée au capitaine de recrutement, les conscrits seront conduits à la préfecture. Un sous-officier de recrutement sera chargé de l'escorte, et responsable des détenus : il les ramènera, après l'interrogatoire, au dépôt départemental.

296. (866).

A mesure que la position des conscrits détenus au dépôt départemental sera vérifiée, ils seront divisés ainsi qu'il suit :

1° Conscrits en règle sous le rapport de la conscription ;

2° Conscrits autorisés à rejoindre un corps en vertu du premier paragraphe de l'article 831 ;

3° Conscrits à envoyer au dépôt géneral des réfractaires.

297. (867).

Les conscrits en règle sous le rapport de la conscription, et ceux qui obtiendront l'autorisation de rejoindre un corps, seront mis en liberté.

298. (868).

Les conscrits à diriger sur des corps seront mis en route, aussitôt après leur élargissement, si d'ailleurs le conseil de recrutement les juge en état de marcher. Dans le cas contraire, le conseil, suivant qu'il sera en session ordinaire ou extraordinaire, les réformera ou les ajournera.

299. (869).

Ceux des conscrits destinés pour le dépôt général, qui n'auront pas la taille, ou qui, à raison de leurs infirmités, paraîtront être hors d'état de servir ou de marcher sur-le-champ, seront, d'après les ordres du capitaine de recrutement, conduits à la préfecture le jour où le conseil de recrutement devra s'assembler. Ces conscrits seront escortés ainsi qu'il est dit article 865.

Le conseil de recrutement examinera sur-le-champ ces conscrits.

300. (870).

Si, parmi ceux des conscrits destinés pour le dépôt général, que le conseil de recrutement aura a examiner en exécution de l'article précédent, il s'en trouve qui, pour cause de maladie, soient momentanément hors d'état de marcher, ils seront déposés et consignés à l'hôpital militaire ou dans les salles militaires de l'hôpital civil du chef-lieu.

Ces conscrits continueront à être sous la surveillance du capitaine de recrutement, qui suivra à leur égard les dispositions de l'article 554.

L'article 185 sera exécuté relativement à ceux qui,

après un mois de traitement à l'hôpital, ne seront pas jugés susceptibles de guérison.

A mesure que les autres conscrits se rétabliront, ils seront réintégrés au dépôt départemental.

3o1. (871).

Ceux des conscrits examinés par le conseil de recrutement, en exécution de l'article 869, qu'il reconnaîtra être hors d'état de servir dans la ligne, soit à défaut de taille, soit pour infirmités, seront mis en liberté, si d'ailleurs ils se sont représentés volontairement. Le conseil prononcera leur réforme ou leur ajournement, suivant les cas, et suivant qu'il se trouvera être en session ordinaire ou extraordinaire.

Il en sera de même de ceux des conscrits examinés par le conseil de recrutement, qui auront été arrêtés, et que le conseil reconnaîtra avoir moins d'un mètre 488 millimètres, ou qui lui paraîtront, à raison de leurs infirmités, être dans l'impossibilité absolue de se mettre en route, et hors d'état de faire au dépôt général aucune espèce de service.

3o2. (872).

La réforme et l'ajournement des conscrits compris dans cette section, et le départ de ceux dont il est particulièrement question à l'article 868, s'effectueront, sauf la modification indiquée à l'article suivant, conformément à ce qui est prescrit par la présente instruction, pour le départ, la réforme ou l'ajournement des conscrits présens dans leur département, ou absens.

303. (875.)

Si quelque conscrit s'évade du dépôt départemental, ou de l'hôpital du chef-lieu, le capitaine de recrutement dressera, pour ce conscrit, sur le modele n° 47, une feuille individuelle portant signalement, et la remettra, sur ce récépissé, au capitaine de gendarmerie.

304. (876.)

Si, au moment de son évasion, le conscrit se trouve avoir été déjà condamné comme réfractaire, le capitaine de recrutement fera mention de cette circonstance sur la feuille individuelle, et il adressera une expédition de cette feuille à S. Exc. le premier Inspecteur général de la gendarmerie, ainsi qu'au Directeur général de la conscription.

305. (877.)

En cas de décès des conscrits déposés au dépôt départemental ou à l'hôpital du chef-lieu, le capitaine de recrutement réclamera du maire une expédition de l'acte de décès : il remettra l'acte au préfet, si le conscrit décédé appartient au département ; et le préfet, après avoir fait annoter le décès dans ses bureaux, transmettra l'acte à la famille du conscrit.

CHAPITRE V.

Section première. *Formation des Convois. — Jour de leur départ. — Leur itinéraire.*

306. (878.)

Les conscrits réunis aux dépôts départementaux

pour être dirigés sur les dépôts généraux de réfractaires , seront envoyés au dépôt général dont la circonscription comprendra le département dans lequel ils auront été arrêtés ou se seront représentés.

307. (879.)

Lorsque les conscrits réunis au dépôt départemental seront au nombre de cinquante , ils seront formés en convoi et dirigés sur le dépôt général. Les convois ainsi formés prendront la dénomination de CONVOIS ÉVENTUELS.

Chaque mois, et indépendamment des convois éventuels, les conscrits réunis au dépôt départemental seront dirigés , quel que soit leur nombre , sur le dépôt général : à cet effet, ils seront formés en un convoi qui prendra la dénomination de CONVOI PÉRIODIQUE.

308. (880.)

Ceux des conscrits désignés comme appartenant à un département autre que celui où ils seront détenus, sur lesquels les préfets n'auront point transmis les renseignemens qui leur auront été demandés , en exécution du dernier paragraphe de l'art. 865 , feront partie , si d'aileurs ils sont en état de marcher , du premier convoi périodique dont le départ aura lieu après le mois de leur arrestation ou de leur rentrée volontaire.

309. (881.)

Le capitaine de recrutement informera le préfet de la force de chaque convoi.

310. (882.)

Un itinéraire , particulièrement transmis par le

Directeur général, fera connaître le dépôt général auquel les convois devront être envoyés, les routes qu'ils auront à suivre et les gîtes où chaque jour ils devront s'arrêter.

Le même itinéraire indiquera, pour les convois périodiques, le jour de départ de chaque chef-lieu de département, et de chaque gîte intermédiaire, ainsi que le jour d'arrivée au dépôt général.

311. (883.)

Sur chacune des lignes à parcourir, le convoi du département le plus éloigné du dépôt général (1) sera grossi de tous les conscrits qui, au moment de son passage par le chef-lieu du département, le second sur la ligne vers le même dépôt, se trouveront réunis au dépôt départemental, et ainsi successivement jusqu'à l'arrivée au dépôt général.

312. (884.)

Lorsque deux lignes se rencontreront dans un chef-lieu de département, le convoi de la ligne dont le point de départ sera le moins éloigné du point de réunion, se réunira au convoi de l'autre ligne.

Si les deux lignes se rencontrent dans un lieu de gîte autre qu'un chef-lieu de département, les convois marcheront ensemble avec une escorte commune ; mais la réunion pour l'administration n'aura lieu qu'au prochain chef-lieu de département.

---

(1) L'éloignement se calculera d'après le nombre des gîtes qui seront portés sur l'itinéraire.

3r3. (885.)

Les lignes qui aboutiront à un dépôt général, se nommeront LIGNES PRINCIPALES.

Celles qui aboutiront à une ligne principale, s'appelleront LIGNES D'EMBRANCHEMENT.

Celles qui aboutiront à une ligne d'embranchement, prendront la dénomination de LIGNES PARTICULIÈRES.

314. (886.)

S'il arrive que, par suite d'un événement extraordinaire, ou parce que les chemins seraient devenus impraticables, un convoi périodique ne puisse, au jour indiqué par l'itinéraire, arriver au chef-lieu de l'un des départemens qu'il aura à traverser, le convoi de ce département ne s'en mettra pas moins en route à la date fixée. Ce département sera, dans ce cas, considéré comme premier de sa ligne.

De même, lorsqu'au jour fixé, le convoi d'une ligne particulière n'arrivera pas au lieu de la réunion avec la ligne d'embranchement, le convoi de cette dernière ligne n'en continuera pas moins sa route vers le dépôt.

De même aussi, lorsqu'un convoi d'une ligne d'embranchement n'arrivera point, au jour fixé, au point de réunion avec le convoi de la ligne principale, ce dernier convoi continuera sa route sans attendre le premier.

Si le convoi de la ligne principale n'a pu, à la date prescrite, parvenir au point de la réunion avec les convois des lignes d'embranchement, les convois

provenant des lignes d'embranchement seront joints
à celui du département où la réunion aurait dû s'o-
pérer, et le convoi ainsi formé deviendra le premier
de la ligne principale.

De même, si le convoi d'une ligne d'embranchement n'est pas parvenu au jour fixé au point de la
réunion avec une des lignes particulières, le convoi
de cette dernière ligne sera joint à celui du département où elle se terminera, et le convoi ainsi formé
deviendra le premier de la ligne d'embranchement.

Lorsque le convoi de l'une des lignes ne sera en
retard que d'un ou de deux jours, il devra continuer sa route *sans séjour*, jusqu'à ce qu'il atteigne le
convoi qui sera parti sans l'attendre.

Dans le cas où le retard excédera deux jours, le
convoi sera gardé au chef-lieu où la réunion, indiquée par l'itinéraire, aurait dû s'effectuer, et il ne
se mettra en route pour le dépôt qu'avec le convoi
éventuel ou périodique suivant.

Si toutefois le convoi en retard est de cinquante
hommes et au-dessus, il sera assimilé aux convois
éventuels, et continuera sa route, en prenant les
séjours indiqués par l'itinéraire.

Lorsqu'un convoi sera forcé de suspendre sa marché, l'officier qui en aura le commandement fera les
réquisitions nécessaires pour garantir, pendant le
temps de la suspension, la subsistance et la sûreté
de son convoi. L'escorte demeurera près du convoi,
et se remettra en route avec lui, dès que les motifs
qui auront occasionné la suspension cesseront d'exister. Les autorités des lieux de gîte placés entre le

point où le convoi suspendra sa marche , et le plus prochain chef-lieu de département sur la route vers le dépôt, ainsi que le capitaine de recrutement de ce chef-lieu, seront informés par l'officier commandant le convoi, du jour où il sera forcé de s'arrêter, et de celui où il reprendra sa marche.

Cet officier en rendra également compte à son capitaine de recrutement.

L'autorité militaire des lieux où les convois seront obligés de s'arrêter, en sera sur-le-champ prévenue, afin qu'elle puisse ordonner, en ce qui la concerne, les mesures convenables.

315. (887.)

Les préfets se donneront réciproquement avis du départ et de la force des convois, et du jour où ces convois entreront dans leurs départemens respectifs.

Les commissaires des guerres, prévenus par les préfets, se feront la même communication, et prendront les mesures nécessaires pour assurer, sur chaque ligne, la subsistance des hommes dont les convois seront composés.

De département en département, les capitaines de recrutement se préviendront de la marche et de la force des convois. Les capitaines de recrutement communiqueront les avis qu'ils recevront à cet égard, aux généraux commandans et aux capitaines de gendarmerie de leurs départemens respectifs.

Les capitaines de recrutement informeront aussi le commandant du dépôt général, du départ et de la force des convois, et du jour d'arrivée au dépôt. Ils lui transmettront, à cet effet, un état conforme au modèle n° 48.

316. (889.)

A l'arrivée des convois dans les gîtes de passage, les conscrits seront déposés dans un seul et même local qui aura dû être préparé à l'avance. Le préfet désignera ce local, sur le rapport des autorités du lieu de gîte, et s'assurera qu'il présente la sûreté et la salubrité nécessaires.

317. (890.)

Si, dans un gîte de passage, le local préparé n'est pas convenable, le maréchal-des-logis de gendarmerie commandant l'escorte, après avoir reconnu avec l'officier commandant le convoi, et constaté, en présence de l'autorité du lieu, l'insuffisance, le mauvais état ou le manque de sûreté de ce local, pourra déposer, suivant le cas, la totalité ou partie du convoi dans la maison d'arrêt. Les conscrits mis dans la maison d'arrêt ne seront point inscrits sur les registres d'écrou.

SECTION II. *Escorte des Convois. — Mode de conduite. — Fonctions des Officiers et Sous-officiers de recrutement chargés de la conduite.*

318. (891.)

La gendarmerie sera chargée d'escorter les convois mis en route.

Les brigades de gendarmerie se releveront successivement.

La compagnie de réserve fournira, si besoin est,

un supplément d'escorte, à défaut de la compagnie de réserve, le supplément d'escorte sera fourni par les vétérans, et, au besoin, par la garde nationale.

Le supplément d'escorte ira toujours d'un chef-lieu de département à l'autre.

319. (892.)

La force de l'escorte sera réglée de concert par le préfet, le capitaine de gendarmerie, et le capitaine de recrutement, proportionnellement au nombre de conscrits dont le convoi se trouvera composé; elle s'augmentera à mesure que le convoi deviendra plus considérable.

320. (895.)

Un maréchal-des-logis de gendarmerie aura toujours le commandement de l'escorte; il sera spécialement chargé de la distribuer sur la route, pendant les haltes, et aux lieux de station et de gîte, de manière qu'aucun conscrit ne cesse d'être sous la surveillance des militaires qui la composeront. Le commandant du convoi ne pourra, sans son consentement, accorder aux conscrits la permission de s'écarter momentanément; enfin, il sera responsable des évasions, et tenu de prendre, pour les prévenir, toutes les mesures que les réglemens autorisent.

321. (896.)

Les conscrits composant les convois de réfractaires, devront être traités avec les ménagemens et les égards qui ne s'opposeront point à l'exécution des mesures à prendre, pour ne leur laisser aucun moyen d'évasion. Lorsque la conduite de quelques conscrits le rendra nécessaire, les gendarmes et les autres militaires de l'escorte pourront user, afin de réprimer l'insoumission de ces conscrits, des moyens de rigueur que la loi met à leur disposition. Ils recevront, à cet égard, les ordres du maréchal-des-logis de gendarmerie commandant l'escorte.

322. (897).

Toutes les fois qu'un convoi séjournera, le commandant de l'escorte et l'officier commandant le convoi prendront, de concert, les précautions nécessaires pour que les conscrits ne puissent pas s'évader.

En cas d'insuffisance de l'escorte, ils requerront la force armée pour surveiller et contenir les conscrits.

323 (898).

Un officier de recrutement sera chargé du commandement, de la police et de la discipline de chaque convoi. Cet officier sera relevé de département en département, et ira du chef-lieu de son département jusqu'au chef-lieu de département situé le premier sur la route du convoi. A son arrivée dans ce dernier chef-lieu, il remettra le convoi au capitaine de recrutement ; il lui communiquera les ordres qu'il aura été dans le cas de donner, ainsi que les renseignemens qui pourront être nécessaires pour la continuation de la conduite, et rétrogradera ensuite sur son département.

S'il arrive que, dans un département intermédiaire, il n'y ait point de conscrits à joindre au convoi arrivant, l'officier n'en devra pas moins être relevé.

L'officier commandant chaque convoi sera désigné par son capitaine de recrutement.

324. (899).

Un sous-officier de recrutement partant du chef-lieu de département situé le premier sur chaque ligne particulière, ou d'embranchement, ou principale, accompagnera sur toute la ligne, non-seulement le convoi de son département, mais encore tous les autres convois qui se réuniront au sien, conformément aux articles 883 et 884. Parvenu au point de réunion avec la ligne d'embranchement, le sous-officier de la ligne particulière rétrogradera sur son département ; celui de la ligne d'embranchement rétrogradera, dès que son convoi se sera réuni à la ligne principale : celui de cette dernière ligne ira jusqu'au dépôt général.

Les sous-officiers chargés d'accompagner les convois, seront choisis par le capitaine de recrutement, parmi les plus intelligens et les plus fermes ; ils devront être au fait des écritures, et seront chargés, sous les ordres de l'officier commandant le convoi, de la subsistance et de la solde des conscrits, de la tenue du contrôle et de l'annotation des mutations survenues dans la route.

325. (900).

Si, par quelque motif que ce soit, le sous-officier chargé de la tenue du contrôle d'une ligne quelconque est hors d'état de continuer sa route ou ses fonctions, il sera suppléé, jusqu'au prochain chef-lieu de département, par l'officier, et pour le reste de la route, par un nouveau sous-officier que le capitaine de recrutement de ce chef-lieu lui désignera.

L'officier qui ne pourra continuer ses fonctions, sera suppléé par celui des militaires faisant partie de l'escorte qui sera le plus élevé en grade.

326. (901).

S'il arrive qu'au jour fixé pour le départ du convoi périodique, il n'y ait au chef-lieu de département commençant une ligne, aucun conscrit à conduire au dépôt général, le capitaine de recrutement n'en désignera pas moins le sous-officier chargé de la tenue des contrôles. Ce sous-officier se rendra au prochain chef-lieu ; il continuera sa route de chef-lieu en chef-lieu, soit qu'il y trouve, ou non, des convois à accompagner, et ne s'arrêtera qu'au point où il devra rétrograder, ainsi qu'il est dit au premier paragraphe de l'article 899.

L'officier ne sera désigné qu'au chef-lieu de département où le convoi commencera à se former.

327. (902).

Lorsque, sur une ligne principale, ou d'embranchement, ou particulière, l'un des départemens intermédiaires deviendra le premier de la ligne, par suite de la non-arrivée d'un convoi, ainsi que cela est prévu art. 886, le capitaine de recrutement de ce département désignera, parmi les militaires composant son détachement, le sous-officier qui, depuis le chef-lieu de son département jusqu'à l'extrémité de la ligne, devra accompagner les convois.

328. (903).

L'officier commandant le convoi fera partir, au moins deux heures à l'avance, un sous-officier, pour préparer le logement et les subsistances des conscrits.

329. (904),

Pendant le temps de la route, il sera fait, sur la solde journalière de chaque conscrit, une retenue de cinq centimes, pour former une masse de deniers de poche. A l'arrivée du convoi au chef-lieu de chaque département, le capitaine de recrutement, sur le rapport de l'officier qui l'aura commandé, répartira cette masse entre les conscrits qui se seront le mieux conduits, et qui auront montré le plus de soumission pendant la route.

330. (905).

Outre les dispositions de la présente section, le commandant du convoi et le commandant de l'escorte, suivront, pour la surveillance des conscrits composant les convois, et pour les objets de petit équipement dont ils pourront avoir besoin, celles des articles 484, 485, 486, 487 et 490.

331. (906).

A son retour au chef-lieu de son département, l'officier qui aura commandé le convoi, rendra compte à son capitaine de recrutement, de tout ce qui aura eu rapport à la conduite du convoi. Il lui fera connaître dans quel état il aura trouvé les locaux préparés dans les gîtes de passage, et lui indiquera toutes les dispositions qui lui paraîtront propres à régulariser cette partie du service, et à prévenir, dans les conduites subséquentes, les inconvéniens qu'il aura remarqués.

Si le compte rendu par l'officier renferme quelque observation qui doive être communiquée au préfet, le capitaine de recrutement qui lui en donnera immédiatement connaissance, afin qu'il puisse prescrire les mesures nécessaires relativement aux lieux de gîte de son département, ou provoquer les mêmes mesures pour les gîtes situés entre la limite de son département et le prochain chef-lieu.

SECTION III. *Formation des Contrôles des Convois.— Réunion des Contrôles des lignes particulières à ceux des lignes d'embranchement, et de ces derniers à ceux des lignes principales.*

332. (907).

Chaque capitaine de recrutement formera le contrôle nominatif et signalétique de départ des conscrits devant composer le convoi particulier de son département. Il y comprendra, outre les conscrits présens désignés pour faire partie du convoi :

1º Ceux dont les décès ou l'évasion aura eu lieu, après l'entrée au dépôt départemental et depuis le départ du dernier convoi ;

2º Ceux qui, ayant fait partie de l'un des précédens convois, auront été déposés aux hôpitaux des lieux de gîte situés dans le département, soit avant, soit après le chef-lieu sur la route du dépôt général ;

et seront morts dans ces hôpitaux, ou s'en seront évadés depuis le départ du dernier convoi.

Ce contrôle, dont il ne sera dressé qu'une expédition, sera conforme au modèle n° 49. Les feuilles destinées à le former, seront envoyées à chaque capitaine de recrutement (1).

333. (908.)

Les conscrits, condamnés comme réfractaires, arrêtés ou rentrés après ou dans le mois de leur condamnation, ainsi que les conscrits non condamnés, mais devant être dirigés sur le dépôt général, seront portés sur le même contrôle, soit qu'ils appartiennent ou n'appartiennent pas au département dans l'étendue duquel leur rentrée, leur arrestation, leur évasion, ou leur décès aura eu lieu. Seulement la situation de chaque conscrit et son département seront indiqués avec soin sur ce contrôle.

334. (909).

Le capitaine de recrutement annexera au contrôle les actes de décès de ceux des conscrits destinés pour le dépôt général, qui, n'appartenant pas à son département, y seront décédés, et auront été portés au contrôle, ainsi que cela est prescrit, art. 907.

____

(1) Les feuilles conformes au modèle n° 49, devant uniquement servir [pour dresser le contrôle des conscrits dirigés sur les dépôts généraux, les capitaines de recrutement ne devront, en aucun cas, les employer pour les conscrits envoyés à des corps.

335. (910).

Si , dans un département , il arrive qu'au jour fixé pour le départ du convoi périodique , il n'y ait point de conscrits à porter sur le contrôle, le capitaine de recrutement dressera un contrôle négatif.

336. (911).

Au départ du convoi du chef-lieu de chaque département, le contrôle positif ou négatif de ce département sera confié, avec les actes de décès y annexés , au sous-officier destiné à accompagner le convoi.

Dans les chefs-lieux de département ou des lignes viendront aboutir, le capitaine de recrutement se fera remettre les contrôles positifs ou négatifs et les actes de décès dont sera porteur le sous-officier de chacune de ces lignes. Il en donnera un récépissé conforme au modèle n° 5o. Après avoir vérifié si les contrôles ont été bien tenus jusques-là, et prescrit les rectifications qui pourront être nécessaires, le capitaine de recrutement les remettra, avec les actes de décès, au sous-officier qui demeurera attaché à la conduite.

Les contrôles qui seront successivement remis au sous-officier de chaque ligne, seront annexés par lui les uns aux autres, et à cet effet classés entre eux dans l'ordre où les départemens formant la ligne se trouveront portés sur l'itinéraire que le Directeur général aura particulièrement transmis, ainsi qu'il est dit art. 882.

SECTION IV. *Mutations en route ; Evasions ; Entrées à l'hôpital ; Décès. — Inscription de mutations sur les contrôles des Convois. — Extraits de contrôles ou feuilles individuelles auxquelles les Mutations donnent lieu.*

337. (912).

Des mutations qui surviendront dans les convois, seront, à l'instant même, annotées sur le contrôle par le sous-officier qui en sera porteur.

L'officier commandant le convoi veillera à ce que cette disposition soit ponctuellement exécutée.

338. (913).

Chaque mutation donnera lieu à une feuille individuelle qui sera extraite du contrôle, et conforme au modèle n° 47, déjà prescrit par l'art. 875.

Le capitaine de recrutement remettra à l'avance, au sous-officier chargé du contrôle, le nombre qui sera jugé nécessaire, de cadres imprimés de la feuille individuelle.

L'usage de cette feuille individuelle est indiqué ci-après, dans les trois subdivisions de la présente section.

PREMIÈRE SUBDIVISION. *Des Conscrits qui s'évadent pendant la route.*

339. (914).

Dès qu'un conscrit se sera évadé, le sous-officier chargé du contrôle remettra une expédition de la feuille individuelle de ce conscrit au maire, et une autre à la brigade de la commune où l'évasion se sera effectuée, ou, si l'évasion a eu lieu pendant la marche, au maire de la commune qui se trouvera la première sur la route vers le dépôt, et à la brigade qui, dans la même direction, sera la plus prochaine du lieu de l'évasion.

333. (915).

Ainsi que cela est prescrit par l'article 495, pour les conscrits abandonnant en route les détachemens dirigés sur les corps, le sous-officier se fera donner, par le maire et par la gendarmerie, récépissé de la feuille individuelle, sur le contrôle du convoi dont l'évadé aura fait partie.

334. (917.)

A l'arrivée du convoi dans un chef-lieu de département, le capitaine de recrutement fera en outre extraire du contrôle, pour ceux des évadés qui auront été condamnés comme réfractaires, une troisième et une quatrième expédition de la feuille individuelle, et les adressera sur-le-champ à S. Exc. le premier Inspecteur général de la gendarmerie, et au Directeur général de la conscription.

Ces expéditions sont destinées à servir pour le jugement et la recherche de l'évadé comme déserteur.

SECONDE SUBDIVISION. *Des Conscrits déposés dans les hôpitaux sur la route.*

335. (918).

A mesure qu'un conscrit du convoi sera déposé

Offic. de R. 7

dans l'un des hôpitaux sur la route, la feuille individuelle de ce conscrit sera remise à l'économe, qui
sera tenu de donner, sur le contrôle, récépissé du
conscrit et de la feuille.

336. (919).

Le commandant de l'escorte consignera le conscrit au commandant de la place, et à défaut, au
maire. Ces fonctionnaires viseront le contrôle à la
suite du récépissé de l'économe.

337. (920).

L'économe sera chargé de prendre toutes les précautions nécessaires, pour empêcher l'évasion du
conscrit; au besoin, le commandant de l'escorte
requerra un planton pour le garder.

338. 921).

A l'arrivée du convoi au chef-lieu du département, le capitaine de recrutement fera extraire du
contrôle, une seconde expédition des feuilles individuelles des conscrits déposés dans les hôpitaux
qui, depuis le dernier chef-lieu jusques et compris
le sien, sont situés sur la route du dépôt général.

Il gardera cette seconde expédition, pour les
conscrits entrés à l'hôpital dans son département;
et la confiera, pour les autres, à l'officier qui aura
commandé le convoi, et qui, de retour à son chef-
lieu, la remettra à son capitaine.

339. (922).

Pendant leur séjour aux hôpitaux, les conscrits
dont il est question dans la présente subdivision,

seront sous la surveillance spéciale du capitaine de recrutement du département où les hôpitaux seront situés.

Ce capitaine en adressera l'état aux officiers de recrutement dans l'arrondissement desquels seront ces hôpitaux.

340. (923).

Les officiers de recrutement, chacun pour son arrondissement, et le capitaine de recrutement pour le chef-lieu, feront, dans les hôpitaux où les conscrits destinés pour le dépôt général des réfractaires auront été laissés, les visites d'inspection prescrites par les articles 505 et 506, et en outre exécuteront envers ces conscrits les dispositions des deux derniers paragraphes de l'article 554.

341. (924).

Les dispositions des articles 870, 871, 872, 873 et 874 seront du reste, et suivant les cas, exécutées envers les conscrits que les conducteurs de convois auront laissés aux hôpitaux des chefs-lieux de département.

342. (925).

Si, parmi les conscrits laissés dans les hôpitaux des communes qui ne seront pas chef-lieu de département, il s'en trouve qui soient jugés non susceptibles de guérison, ils seront ramenés par la gendarmerie, et au besoin transportés sous son escorte, à l'hôpital du chef-lieu du département dans lequel sera situé l'hôpital d'où ils sortiront ; après un mois de traitement au chef-lieu, ils seront assimilés aux conscrits dont il est question dans l'article précédent.

343. (926).

A mesure que les conscrits laissés aux hôpitaux désignés dans l'article précédent se rétabliront, l'officier de recrutement dans l'arrondissement duquel seront ces hôpitaux les fera conduire, de brigade en brigade, au dépôt départemental, qui sera toujours celui de son département.

344. (927).

La feuille individuelle des conscrits qui, en vertu des deux articles précédens, devront être évacués des hôpitaux sur le chef-lieu, devra préalablement, et avant leur sortie des hôpitaux, être rendue par l'économe à l'officier de recrutement de l'arrondissement. L'économe sera personnellement responsable des évasions qui pourront avoir lieu par suite de l'inexécution de cette disposition.

345. (928).

L'officier d'arrondissement confiera à la gendarmerie les feuilles individuelles des conscrits à évacuer sur le chef-lieu du département, il se fera donner par elle récépissé des conscrits et des feuilles, et sur-le-champ il transmettra ce récépissé au capitaine de recrutement, avec l'avis du départ des conscrits pour le chef-lieu.

346. (929).

Les conscrits qui seront remis à la gendarmerie pour être évacués sur le chef-lieu du département, devront y parvenir par la correspondance la plus prochaine. Pendant la route, ils seront déposés dans les maisons d'arrêt. Ceux qui seront évacués pour être traités à l'hôpital du chef-lieu, seront chaque jour déposés à l'hôpital du gîte; ils y seront sous la surveillance de la gendarmerie.

A l'arrivée au chef-lieu, la gendarmerie remettra au capitaine de recrutement, les conscrits qu'elle aura été chargée de conduire et les feuilles individuelles de ces conscrits. Le capitaine donnera, sur la feuille de conduite, son récépissé des individus qui lui auront été remis.

347. (930).

Si l'un des conscrits que la gendarmerie sera chargée d'évacuer sur le chef-lieu du département, s'évade de ses mains, elle annotera l'évasion sur la feuille individuelle de ce conscrit, et suivra, dans cette circonstance, les dispositions des articles 914 et 915.

Après qu'une expédition de la feuille individuelle du conscrit évadé aura été remise à la gendarmerie du lieu et au maire, et que récépissé en aura été porté sur la feuille, elle devra être envoyée, par la gendarmerie qui aura laissé échapper le conscrit, au capitaine de recrutement du département.

348. (931).

Si l'un des conscrits qui auront été déposés dans les hôpitaux par les conducteurs de convois, vient à s'évader, l'économe fera de suite mention de l'évasion sur la feuille individuelle qui lui aura été remise; et la rendra au capitaine de recrutement, si l'hôpital est au chef-lieu; dans le cas contraire, il la rendra a l'officier de recrutement qui aura l'hôpital dans son arrondissement.

Le capitaine ou l'officier de recrutement remettra une expédition de la feuille au maire du lieu de l'é-vasion, et une autre expédition à la brigade de gendarmerie : il en prendra récépissé sur la feuille.

Après avoir exécuté cette disposition, l'officier de recrutement qui aura reçu la feuille individuelle d'un conscrit évadé de l'hôpital, la transmettra au capitaine de recrutement.

349. (932).

En cas de décès de l'un des conscrits déposés par les conducteurs de convois, dans les hôpitaux des communes qui ne sont pas chef-lieu de département, l'officier de recrutement de l'arrondissement réclamera de l'économe, l'acte de décès et la feuille individuelle de ce conscrit : il transmettra sur-le-champ ces deux pièces à son capitaine de recrutement.

TROISIÈME SUBDIVISION. *Des Conscrits morts en route.*

350. (933).

Si, pendant la marche des convois, l'un des conscrits vient à décéder, le sous-officier, porteur du contrôle, remettra la feuille individuelle au maire de la commune où le décès aura eu lieu, ou de celle qui, sur la route vers le dépôt général, sera la plus voisine du lieu du décès; il lui remettra, de plus, une déclaration du décès et des circonstances qui l'auront accompagné. Cette déclaration, qui, d'ailleurs, devra être dans la forme légale, sera signée pra le commandant du convoi, le commandant de l'escorte, et le sous-officier porteur du contrôle.

351. (934).

Le sous-officier porteur du contrôle requerra le maire de dresser l'acte de décès, et en réclamera une expédition qu'il annexera au contrôle sur lequel le conscrit aura été porté. Le maire certifiera, à l'article du conscrit, la remise qu'il aura faite de cette expédition.

SECTION V. *Réception des Convois dans les Dépôts généraux. — Récépissé numérique des Convois à transmettre, par les Commandans des Dépôts généraux, aux Capitaines de recrutement des départemens d'où les Conscrits, reçus au Dépôt, ont été mis en route. — Feuilles individuelles portant signalement et avis d'arrivée, ou d'évasion, ou d'entrée à l'hôpital et de décès en route, à transmettre, par les mêmes Commandans, aux Capitaines de recrutement des départemens auxquels ces Conscrits appartiennent.*

352. (935).

A l'arrivée de chaque convoi au dépôt général des réfractaires, le commandant du dépôt en fera l'inspection prescrite par l'article 529 ; immédiatement après, les conscrits seront reçus au dépôt.

353. (936).

Le commandant du dépôt général ne pourra refuser de recevoir aucun des conscrits composant le convoi, sous prétexte qu'il ne juge pas le conscrit propre au service, ou que le conscrit n'a pas la taille, ou que, par quelque motif que ce soit, il paraît au commandant avoir été indûment dirigé sur le dépôt général.

354. (937).

Le sous-officier porteur des contrôles les remettra au commandant du dépôt général, avec les actes de décès qu'il aura été dans le cas d'y annexer ; le commandant lui en remettra un récépissé à la suite duquel il portera un certificat constatant l'état où il aura trouvé les contrôles, et son opinion sur la manière dont le sous-officier se sera acquitté de sa mission.

355. (938).

Le commandant du dépôt général extraira du contrôle de chaque département, une situation numérique conforme au modèle n° 51, et l'adressera, comme récépissé du convoi, au capitaine de recrutement qui aura formé le contrôle.

356. (939).

Le commandant du dépôt général fera, de plus, extraire des divers contrôles, et pour chaque conscrit qui s'y trouvera porté, une feuille individuelle conforme au modèle n° 52. Cette feuille individuelle, qui portera signalement et fera connaître le département auquel le conscrit appartiendra, indiquera si le conscrit est arrivé au dépôt général, ou s'il se trouve annoté au contrôle comme décédé, entré à l'hôpital ou évadé ; elle sera certifiée et signée par le commandant du dépôt général.

Des cadres imprimés de feuilles individuelles seront envoyés à ce commandant.

357. (940).

Si, parmi les conscrits qui, sur les contrôles des convois arrivés au dépôt général, seront annotés comme décédés ou évadés, il s'en trouve qui appartiennent au département sur le contrôle duquel leur décès ou évasion aura été mentionnée, le commandant du dépôt général n'en fera point dresser la feuille individuelle.

358. (941).

Le commandant du dépôt général annexera les actes de décès aux feuilles individuelles des conscrits qui seront annotés comme décédés.

359. (942).

Après avoir fait dresser les feuilles individuelles des conscrits compris sur chacun des contrôles qui lui auront été remis, le commandant du dépôt général réunira toutes celles qui concerneront les individus appartenant comme conscrits au même département, suivant l'indication portée au contrôle.

Le commandant du dépôt général adressera à chaque capitaine de recrutement, les feuilles individuelles des conscrits désignés, sur les contrôles du convoi, comme appartenant à son département : il y annexera les actes de décès.

360. (943).

Si le département auquel un conscrit appartiendra, n'est point désigné sur le contrôle du convoi dont il aura fait partie, le commandant du dépôt général en dressera la feuille individuelle au Directeur général, qui, après avoir pris les renseignemens nécessaires, la fera passer au capitaine de recrutement du département du conscrit.

361. (944).

Le sous-officier qui aura accompagné le convoi et qui en aura remis les contrôles au commandant du dépôt, restera au dépôt général, jusqu'à ce que les dispositions prescrites par la présente section aient été remplies, afin de contribuer à leur exécution, sous les ordres du commandant du dépôt.

Au besoin, le commandant du dépôt général retiendra pour le même objet, ceux des militaires composant l'escorte, qui seront au fait des écritures, et qui n'appartiendront pas à l'arme de la gendarmerie. Autant que possible, le travail d'ordre prescrit par la présente section devra être fait dans les vingt-quatre heures de la réception du convoi.

Après que ce travail aura été terminé, le commandant du dépôt général renverra au point d'où ils seront partis, le sous-officier et les militaires d'escorte qu'il aura été dans le cas de retenir.

362. (945).

Les contrôles que le sous-officier aura remis au commandant du dépôt général, seront conservés au dépôt et y serviront pour l'inscription des conscrits au registre-matricule.

Section **VI.** *Comptes à rendre par les Capitaines de recrutement sur le départ des Convois, et sur leur arrivée aux Dépôts généraux de Réfractaires. — Remplacement de ceux des évadés qui, à leur départ, auront été comptés en déduction du contingent.*

363. (947).

Le jour même où un convoi partira d'un chef-lieu de département, le capitaine de recrutement de ce département en adressera l'état numérique de départ au Directeur général.

Cet état, qui sera conforme au modèle n° 53, comprendra les conscrits portés sur le contrôle du département, et, de plus, indiquera la situation des convois arrivés au chef-lieu de ce département, pour en repartir avec son convoi.

Si dans le premier, et successivement dans le second, le troisième, etc. département de chaque ligne particulière, d'embranchement, ou principale, il ne se trouve point, à la date fixée pour le départ périodique, de conscrits à diriger sur le dépôt général des réfractaires, l'état de départ sera négatif, et n'en sera pas moins adressé au Directeur général.

364. (948).

Le dernier jour de chaque mois, le capitaine de recrutement adressera au Directeur général, avec les comptes prescrits par la section III du chap. Ier du présent titre, un état récapitulatif du nombre des conscrits appartenant au département, et condamnés comme réfractaires, qui, ayant été mis en route, se seront rendus à leur destination. Cet état sera conforme au modèle n° 54 ; il sera intitulé : ÉTAT RÉCAPITULATIF *des réfractaires arrivés à leur destination, à la date du.....*

365. (949).

L'état numérique de départ comprendra , sans distinction de classe, les conscrits condamnés , ou non , qui auront été compris dans les contrôles des convois dirigés sur le dépôt général , quel que soit d'ailleurs le département auquel ils appartiennent.

Un état récapitulatif distinct sera dressé pour chaque classe de conscription : le capitaine de recrutement y comprendra seulement ceux des conscrits condamnés comme réfractaires et arrivés à leur destination, qui appartiendront à son département.

366. (950).

Chaque capitaine de recrutement , après avoir reçu les feuilles individuelles portant avis d'arrivée, ou d'évasion, ou de décès, ou d'entrée à l'hôpital, qui lui auront été adressées, en exécution de l'article 942, par le commandant du dépôt général, extraira de ces feuilles celles qui comprendront des conscrits non condamnés comme réfractaires, ainsi que des réfractaires condamnés , mais arrêtés ou rentrés dans le mois de leur condamnation, et les joindra aux contrôles des conscrits dirigés sur les corps, en déduction des contingens, après avoir toutefois reporté sur le contrôle général des réfractaires les annotations relatives aux conscrits condamnés.

Le capitaine de recrutement portera sur les états récapitulatifs des contingens prescrits par l'article 563,
et sur la table alphabétique des contrôles de ces contingens, prescrite par le dernier paragraphe de l'article 566, les conscrits compris dans les feuilles individuelles qu'il aura jointes à ces derniers contrôles.

Quant aux feuilles individuelles qui seront relatives aux conscrits arrêtés ou rentrés après le mois de
leur condamnation, le capitaine de recrutement,
après en avoir reporté les annotations sur le contrôle général des réfractaires, les déposera aux archives de la préfecture.

367. (951).

Le capitaine de recrutement remettra en même
temps au préfet les actes de décès qui lui auront
été transmis, avec les feuilles individuelles, par le
commandant du dépôt général.

Le préfet fera faire sur-le-champ l'annotation des
décès aux tableaux généraux, et l'envoi des actes
aux familles.

368. (952).

Le préfet, sur la demande que le capitaine de recrutement devra lui en faire dans les trois jours de
la réception des feuilles individuelles, ordonnera le
remplacement de ceux des conscrits non condamnés
comme réfractaires, ainsi que des condamnés arrêtés
ou rentrés dans le mois de leur condamnation, qui
seront annotés sur les feuilles individuelles comme
s'étant évadés.

369. (953).

Le capitaine de recrutement et le préfet provoqueront, du reste, en se conformant à ce qui est prescrit par la section 1re du chapitre Ier du présent titre, la condamnation des conscrits non encore jugés comme réfractaires, qui seront annotés sur les feuilles individuelles comme s'étant évadés.

370. (954).

Si, parmi les conscrits qui auront été portés aux contrôles des convois dirigés sur les dépôts généraux, il s'en trouve qui doivent être comptés, par avance, en déduction de la classe la première à appeler, le préfet et le capitaine de recrutement tiendront les notes nécessaires, pour que ces conscrits soient compris, dans la liste prescrite par l'art. 102, dans les listes du tirage de la classe pour laquelle ils devront être comptés, et, suivant les cas, dans les états récapitulatifs et le contrôle général des réfractaires de cette classe.

TITRE VIII. *Des Conscrits à diriger sur les compagnies de pionniers, comme s'étant volontairement mutilés ou mis hors d'état de servir dans la ligne. — Mode à suivre pour les conduire à leur destination. — Comptes à rendre sur leur départ et leur incorporation.*

371. (964).

Les conscrits qui, en exécution des art. 205 et 207, devront être envoyés aux pionniers, comme ayant été reconnus, par les conseils de recrutement, s'être volontairement mutilés ou mis hors d'état de servir dans la ligne, seront destinés pour la compagnie de pionniers affectée au département dans l'étendue duquel l'arrestation de ces conscrits aura eu lieu.

372. (965).

A mesure qu'ils seront arrêtés, les conscrits destinés aux pionniers seront déposés dans la maison d'arrêt du chef-lieu de département ; ceux qui seront arrêtés dans les cantons, seront conduits au chef-lieu, sous l'escorte de la gendarmerie, et par la correspondance la plus prochaine.

373. (966).

Les conscrits arrêtés pendant la seconde partie de la session ordinaire du conseil de recrutement, seront réunis, et partiront en un seul convoi, le jour fixé pour le dernier départ des conscrits de la classe dont l'appel aura donné lieu à cette session.

374. (967).

Ceux qui ne seront arrêtés que pendant la session extraordinaire ou la première partie de la session ordinaire, seront mis en route aussitôt après leur arrestation.

375. (968).

Le capitaine de recrutement formera, sur le modèle n° 57, la feuille individuelle servant de contrôle de départ pour chacun des conscrits à envoyer aux pionniers ; il remettra cette feuille à la brigade de gendarmerie du chef-lieu, et s'en fera donner récépissé.

376. (969).

Les conscrits à diriger sur les pionniers, seront conduits de brigade en brigade à leur destination.

Chaque jour, la brigade qui les aura conduits, remettra les feuilles individuelles à la brigade qui les recevra.

377. (974).

Les feuilles individuelles qui auront été envoyées au capitaine de gendarmerie, en exécution des articles 971 et 973, seront, immédiatement après leur réception, remises par cet officier au capitaine de recrutement de son département. Ce dernier les fera de suite parvenir au capitaine de recrutement du département d'où les conscrits auront été mis en route.

Si quelques-uns des conscrits portés sur les feuilles n'appartiennent pas au département d'où ils auront été mis en route, le capitaine de recrutement du point de départ transmettra les feuilles au capitaine de recrutement du domicile.

378. (975).

Le premier jour du quatrième mois qui suivra la clôture de la session ordinaire du conseil de recrutement, le capitaine de recrutement fera passer au Directeur général, l'état numérique de départ et d'incorporation des conscrits envoyés aux pionniers; les mutations qui seront survenues en route, y devront être indiquées. Cet état sera conforme au modèle n° 58.

379. (976).

L'état prescrit par l'article précédent comprendra, en articles distincts,

1° Les conscrits de la classe dont l'appel aura donné

lieu à la dernière session ordinaire du conseil de recrutement;

2° Ceux des conscrits de chacune des classes appelées antérieurement, qui, depuis la formation du dernier état, auront été envoyés aux pionniers.

TITRE XII. *Comptes des recettes et des dépenses résultant de l'emploi des Garnisaires au domicile des Conscrits retardataires et réfractaires, des Déserteurs, et de leurs pères et mères.*

380. (1185).

Lorsque tous les hommes composant un détachement de garnisaires seront rentrés, soit à leurs corps, soit à leur résidence, soit dans leurs foyers, l'officier qui aura été chargé de la direction de ce détachement dressera, sur le modèle ci-joint n° 81, un compte des recettes divisé par commune, et un compte sommaire des dépenses pour la totalité des garnisaires.

381. (1186).

Les deux comptes prescrits par l'article précédent devront être remis au préfet, par le commandant des garnisaires, dans les huit jours qui suivront la rentrée totale de ces garnisaires.

Ces comptes seront accompagnés, 1° de tous les comptes particuliers de recettes et de dépenses, dressés en exécution des articles 809, 810, 811, 812 et 813; 2° des états contenant les annotations prescrites par l'article 788. Le préfet donnera récépissé de ces états et comptes particuliers qui auront dû être cotés et paraphés par le commandant des garnisaires.

CHAPITRE I.er *De la Solde , des Supplémens , des Indemnités et des Masses à payer aux Détachemens de Recrutement , et aux Officiers et Sous-officiers employés pour le service de la Conscription.*

382. (1194).

La solde, les supplémens de solde, les indemnités et les diverses masses, qui sont désignés par les numéros 1, 2, 3 et 4 de l'article qui précède, sont payables sur états et extraits de revues.

383. (1195.)

S. Exc. le Ministre du trésor impérial fait remettre, chaque mois, dans les bureaux du Directeur général de la conscription, les pièces justificatives des paiemens effectués sur états arrêtés par les inspecteurs aux revues; l'examen en est fait sur-le-champ. Lorsqu'il est reconnu que quelques dépenses ne sont pas imputables au fonds spécial de la conscription, elles sont rejetées, et les pièces renvoyées à Son Exc. le Ministre du trésor. La liquidation de toutes celles qui sont régulièrement justifiées est établie, pour que le montant puisse en être ordonnancé par Son Exc. le Ministre de la guerre.

384. (1196).

Pour les dépenses spécifiées aux deux articles qui précèdent, il est ouvert à chaque détachement ou à chaque partie prenante, un compte par débet et par crédit. Immédiatement après chaque liquidation, le montant en est porté au débet. Le montant des revues trimestrielles établies par les inspecteurs aux revues, est inscrit au crédit, à mesure que les extraits en sont transmis. Il est formé, par trimestre, un réglement de décompte pour chaque détachement ou partie prenante ; le résultat en est envoyé aux inspecteurs aux revues, avec des feuilles d'augmentation ou de retenue, s'il y a lieu. Les augmentations ou retenues sont effectuées lors des premiers paiemens qui suivent la réception des feuilles.

CHAPITRE V. *Gratification de 25 francs pour l'arrestation de chaque Réfractaire.*

385. (1253).

Lorsqu'un conscrit condamné comme réfractaire, ou un conscrit retardataire dans le cas de la condamnation, est arrêté, dans l'intérieur de l'Empire, par un agent civil ou militaire, ou même par un simple particulier, une gratification de 25 francs est due au capteur.

La gratification de 25 francs cesse d'être due, si, au moment de l'arrestation, des garnisaires ou la colonne mobile sont employés, dans la commune où elle s'effectue, à la recherche des conscrits réfractaires ou retardataires.

386. (1254).

La dénomination d'agens civils et militaires ayant droit à la gratification de 25 francs pour l'arrestation de réfractaires et de retardataires, comprend,

La gendarmerie,

Les sous-officiers de recrutement,

Les sous-officiers et soldats des compagnies de réserve,

Les préposés des douanes,

Les agens de police,

Les gardes forestiers,

Les gardes champêtres,

Les consignes de places.

SECTION PREMIÈRE. *Formalités à remplir par la Gendarmerie pour obtenir la gratification de 25 francs.*

387. (1256).

Le capitaine de recrutement fera connaître, par un certificat porté à la suite de l'état d'arrestation de réfractaires et retardataires, si tous les conscrits capturés ont été conduits au dépôt départemental.

Il ne sera rien accordé pour raison de l'arrestation des conscrits qui ne seraient pas parvenus au dépôt départemental, à moins que ces conscrits n'aient été mis à la disposition de la justice et déposés dans une maison d'arrêt, ou qu'ils ne soient morts depuis leur arrestation : l'extrait d'écrou, ou l'acte de décès, devra être produit, suivant le cas.

SECTION II. *Formalités à remplir par les divers Agens civils et militaires, ou par les particuliers, pour obtenir la gratification de 25 francs.*

388. (1261).

Ceux des agens civils et militaires, ainsi que les particuliers, qui prétendront a la gratification de 25 francs, pour l'arrestation d'un réfractaire ou d'un retardataire par eux remis à la gendarmerie, feront viser par le maire de la résidence de la brigade, le récépissé qu'ils se seront fait délivrer par la gendarmerie, en exécution de l'article 725, et l'adresseront au préfet.

Le préfet se fera donner, sur ce récépissé, une note certifiée par le capitaine de recrutement, présentant les renseignemens exigés par l'article 1256.

389. (1262).

Le préfet, après s'être assuré que la gratification est due, fera parvenir au capteur, par l'intermédiaire du sous-préfet et du maire, un mandat de la somme de 25 francs; il joindra à ce mandat un blanc imprimé de récépissé, que la partie prenante devra signer et remettre au maire en échange du mandat.

CHAPITRE VIII et dernier. *Déchéance prononcée contre les demandes en remboursement de dépense, ou en indemnité, ou en gratification, non formées en temps utile.*

390. (1275).

Le Directeur général renverra sans examen, comme frappée de déchéance, toute réclamation relative au service de la conscription, dont les pièces ne lui parviendront qu'après les six mois qui suivront le trimestre où aura eu lieu la dépense ou l'opération fondant la réclamation.

TABLE
ALPHABÉTIQUE
DES MATIÈRES.

A.

ARRÊTÉS OU RENTRÉS VOLONTAIREMENT (Conscrits). Lorsqu'un sous-officier de recrutement arrête un conscrit non en règle, il doit le remettre à la brigade de Gendarmerie la plus voisine, 725. — Envoi au chef-lieu du département des conscrits arrêtés ou rentrés, 726, 797 et 798. — Les conscrits arrêtés on rentrés, sont déposés dans les maisons d'arrêt jusqu'à leur arrivée au chef-lieu, 726 et 799. — Ils sont remis au Capitaine de recrutement qui en donne récépissé, 727, 733 et 798. — Les feuilles d'arrestation ou de route des conscrits arrêtés ou rentrés, servent à former le contrôle de leur départ, 735. — Avis de la rentrée des conscrits à donner par les Maires et Sous-préfets aux Officiers et Sous-officiers de recrutement, 734. — Usage que doivent faire ceux-ci de l'avis qui leur est donné, *ibid.*

ARTILLERIE A PIED ET A CHEVAL. Taille que doivent avoir les conscrits désignés pour cette arme, 455.

ARTISTES VÉTÉRINAIRES. Les père et mère des artistes vétérinaires en activité, sont exempts de la solidarité pour frais de garnisaires, 759.

B.

BATELIERS. Sont admis dans les bataillons de pontonniers jusqu'à concurrence de la moitié du contingent, 456.

C.

CARABINIERS. Taille que doivent avoir les Conscrits désignés pour cette arme, 455.

CAVALERIE LÉGÈRE. Taille que doivent avoir les Conscrits destinés pour cette arme, 455.

CHEVAU-LÉGERS. Taille que doivent avoir les Conscrits destinés à cette arme, 455.

COMPLÉTEMENT DES CONTINGENS. Les Conscrits désignés pour le complétement des contingens, sont mis sur-le-champ à la disposition du Capitaine de recrutement, 424.

COMPTES DES DÉPARTS ET INCORPORATIONS. Ces comptes doivent être rendus par le Capitaine de recrutement au Directeur général, 562 et suivans, jusques et compris 568 , et 947 , 948, 949 et 950. — Manière dont ces comptes doivent être dressés, et époques auxquelles ils doivent être rendus , *ibid.*

CONDUCTEURS DE CHEVAUX ET VOITURES. Corps auxquels ils doivent être destinés ,. 456.

CONSEIL DE RECRUTEMENT. Le capitaine de recrutement doit assister aux Séances du Conseil. Il peut faire des observations , mais il n'a point voix délibérative, 77 et 78.

CONSIGNES DE PLACE. Ont droit à la gratification de 25 fr. pour l'arrestation de chaque réfractaire ou retardataire, 1254. *Voyez* Gratification de 25 francs , due aux agens militaires pour arrestation de réfractaires,

CONTRÔLE DE DÉPART DES CONSCRITS. Il est formé par le Capitaine de recrutement, 468. — Il ne doit comprendre que les conscrits présens à la revue de départ, *ibid.* — Usage et destination de ce contrôle, 471 et 472. — Il doit toujours être tenu par un sous-officier de re-crutement, 477. — Il doit recevoir, 1° l'annotation du résultat de l'inspection faite au corps, 529. — 2° Le récépissé du chef du corps qui aura reçu les conscrits, 534. — Il est déposé aux archives de la Préfecture, 468. — Cas dans lequel le contrôle de départ doit être dressé en double et en triple expédition, 540 et 552. — Destination de chacune de ces expéditions, 540, 552 et 556. — Contrôles de départ à former pour les suppléés ou remplacés marchant en personne, ou pour leurs nouveaux suppléans ou remplaçans, et titre particulier de ces contrôles, 605. *Voy.* Contrôles des convois de réfractaires , etc.

CONTRÔLE DE LA POURSUITE INDIVIDUELLE DES RÉFRAC-TAIRES. Le Capitaine de recrutement dresse le contrôle de la poursuite individuelle des réfractaires, 677. — Ce que doit indiquer ce contrôle, 678. — Le Capitaine de recrutement fait quatre expéditions de ce contrôle, 679. — Destination de ces expéditions , 679, 680, 681, 682 et 689. — Manière dont est tenu le contrôle de la poursuite individuelle, et concert des divers fonctionnaires à cet effet, 683, jusqu'à 687 inclusivement. — Réunion, par mois, du Préfet, du Capitaine de recrutement, et du Capitaine de gendarmerie, pour extraire du contrôle la situation du département, sous le rapport de la poursuite des réfractaires, 688. — Le Capitaine de recrutement dresse chaque mois des supplémens de ce contrôle, 690. — Conscrits que ces supplémens doivent comprendre, 691. — Le Capitaine de recrutement envoie ces supplémens au Directeur général, avec la liste des conscrits non condamnés, la copie du résumé de la situation du département et l'état des mutations survenues, 692, 693 et 694. — Il dresse des états de mutations de ce contrôle, 694, 695, 696 et 697.

Contrôles des convois de réfractaires, retardataires, et autres conscrits insoumis. Le Capitaine de recrutement forme le contrôle des convois; conscrits qui doivent y être compris, 907, 908 et 910. — Actes de décès à y annexer, 909. — Le contrôle et les actes de décès sont remis au sous-officier destiné à accompagner le convoi, 911. — Ce qui doit être fait de ces contrôles et actes de décès, lorsque plusieurs lignes se réunissent, *ibid.* — Annotation sur le contrôle des mutations qui surviennent en route, 912. — Chaque mutation donne lieu à une feuille individuelle extraite du contrôle, 913. — Destination des contrôles remis par le sous-officier au Commandant du dépôt, 945.

Convois de réfractaires, retardataires, et autres conscrits insoumis. Dépôt général auquel doivent être envoyés les conscrits réunis au dépôt départemental, 878. — Ces conscrits sont formés en convois éventuels ou périodiques, 878 et 879. Le Capitaine de recrutement informe le Préfet de la force de chaque convoi, 881. — L'itinéraire des convois est transmis par le Directeur général, 882. — Dispositions à suivre lorsqu'un convoi rencontre ou des conscrits dans un chef-lieu de département, ou un autre convoi, soit dans un chef-lieu de département, soit dans un gîte autre qu'un chef-lieu de département, 883 et 884. — Mesures

le Commandant du dépôt peut retenir ceux des militaires composant l'escorte qui sont au fait des écritures, *ibid.* — Le Capitaine de recrutement adresse au Directeur général, un état numérique du départ de chaque convoi, 947. — Ce que doit comprendre cet état, 947 et 949. — Remise au Préfet par le Capitaine de recrutement des actes de décès qui lui ont été adressés par le Commandant du dépôt général, 951. — Annotation par le Préfet des décès aux tableaux généraux, et envoi des actes de décès aux familles, *ibid. Voyez* Evasion; Décès; Hôpital.

D.

chef-lieu , ou après avoir été mis en route pour être conduit au dépôt général, 933 et 934.

DÉCHÉANCE. Délai après lequel toute réclamation en remboursement de dépense, et toute demande d'indemnité ou de gratification , sont inadmissibles et frappées de déchéance, 1275.

DÉPART DES CONSCRITS. Le Directeur général fixe les jours des premiers et des derniers départs, et les fait connaître au Capitaine de recrutement, 462. — Fonctionnaires auxquels les Préfets font connaître le jour du départ des conscrits de chaque arrondissement, 464. — L'ordre et l'indication du jour de départ sont notifiés au domicile du conscrit désigné, par les soins du Capitaine de recrutement, 296 et 461. *Voyez* Convois de réfractaires, etc.

DÉPÔT DÉPARTEMENTAL DES RÉFRACTAIRES. Indication des conscrits à envoyer au dépôt départemental , 491 , 496 , 516, 542, 604, 703, 726, 798, 825. — Le Préfet désigne le local où doit être établi le dépôt , 848. — Le Capitaine de recrutement est chargé de la police, discipline , surveillance et administration des conscrits réunis dans le dépôt, 856 et 862. — Officiers de santé choisis par le Préfet pour inspecter le dépôt, 857. — Les conscrits détenus au dépôt sont mis en subsistance dans la compagnie de réserve, 861. — Mode de surveillance de ces conscrits, *ibid.* — Discipline à laquelle sont soumis les conscrits détenus au dépôt, 863. — Ils peuvent être employés aux travaux d'utilité publique, *ibid.* — Vérification de la position des conscrits à leur arrivée au dépôt, par le Capitaine de recrutement et le Préfet, 864 et 865. — Renseignemens que le Préfet peut demander à leur égard , 865. — Division des conscrits dont la position a été vérifiée , 866. — Conscrits en règle à mettre en liberté , 867. — Mesures à prendre 1° envers les conscrits qui obtiennent l'autorisation de de rejoindre un corps, *ibid.* et 868; 2° envers les conscrits à envoyer au dépôt général des réfractaires , 869, 870, 871, 872 et 873.

DÉPÔT GÉNÉRAL DES RÉFRACTAIRES. Indication des conscrits à envoyer au dépôt, 491, 496, 516, 542, 604, 703, 726, 798. — Examen par le Conseil de recrutement des conscrits destinés pour le dépôt général, 869. — Ces conscrits sont conduits devant le Conseil, d'après les ordres du Capitaine de recrutement, *ibid.*

DÉTACHEMENS DE CONSCRITS. Sont commandés et conduits par des Officiers ou Sous-officiers de recrutement, 474. — Ces Officiers ou Sous-officiers ne peuvent accorder aucune suspension de départ aux conscrits qui doivent faire partie d'un détachement, 467. — Devoirs et fonctions des Officiers conducteurs, 484, jusqu'à 492 inclusivement, 519, 520 et 535.

DÉTACHEMENS DE RECRUTEMENT. Il y en a un dans chaque département, 432. — Sa composition, 433 et 434. — Nomination des Officiers et Sous-officiers, 435. — Serment à prêter par les Officiers et Sous-officiers avant d'entrer en fonctions, 436. — Distribution des Officiers et Sous-Officiers, *ibid.* et 437. — États qui doivent en être dressés, 438. — A qui destinés, *ibid.* — Fonctions du capitaine de recrutement, 439. — Des Officiers et Sous-officiers, 440. — Droits et obligations des Officiers et Sous-officiers assistant aux opérations du tirage et aux séances du Conseil, 27 et 441. — Le Capitaine de recrutement rend directement compte de ses opérations au Directeur général, et reçoit ses ordres, 442. — Il reçoit aussi les ordres du Commandant du département, *ibid.*

DOUANES (Préposés des). Concourent à l'arrestation des conscrits qui n'ont pas satisfait à la conscription, 700. — Ils ont droit à la gratification de 25 francs pour l'arrestation de chaque réfractaire ou retardataire, 1254. *Voyez* Gratification.

DRAGONS. Taille que doivent avoir les conscrits destinés pour cette arme, 455.

E.

ÉCONOMES DES HÔPITAUX. *Voyez* Hôpital militaire du chef-lieu de la division ; et Hôpital (Conscrits des détachemens en route, et conscrits réfractaires ou insoumis envoyés à l').

F.

G.

755. — Versemens des sommes dues pour frais de garnison, entre les mains du Commandant des garnisaires, 807. — Qui est dépositaire de ces sommes, 808. — Commandement à faire par le porteur de contraintes, 817. — Itératif commandement, et, en cas de non consignation, procès-verbal de saisie de meubles et effets, 818. — Le Maire est dépositaire des sommes consignées ou provenant du prix des ventes, 820. — Il les remet au Commandant des garnisaires, *ibid.* — Temps pour lequel le Préfet avance la solde des garnisaires, à leur départ, 821. — Sur quel fonds cette avance est prise, *ibid.* — Le Préfet se fait rendre compte fréquemment de l'état des recettes, 825. — Il fait, au besoin, une nouvelle avance au détachement des garnisaires, *ibid.*

GARNISAIRES (comptes des recettes et des dépenses des). Compte de recettes séparé pour chaque commune, 809. — Compte de dépenses pour toutes les dépenses faites par un même détachement, 810. — La dépense pour la nourriture des chevaux doit être certifiée par les Maires, *ibid.* — Lorsqu'une portion de détachement doit le quitter pour faire partie d'un autre détachement, elle cesse d'être comprise dans le compte de dépenses, 811. — Il en est de même lorsque les portions de détachement retournent à leurs corps, à leur résidence, ou dans leurs foyers, 812. — Comptes adressés au Commandant des garnisaires du département par le Commandant d'un détachement partiel qui retourne à son corps, à sa résidence, ou dans ses foyers, 813. — Ce qui doit être fait lors de la réunion de deux détachemens, 1° si le Commandant du détachement qui se réunit à l'autre détachement, n'a pas employé tous les fonds qu'il a reçus, 824 ; — 2° si ces fonds n'ont pas suffi pour solder les dépenses, *ibid.* — Pièces à joindre aux comptes qui doivent être formés par le Commandant, 814. — Le Commandant des garnisaires remet en même temps au Préfet les sommes demeurées entre ses mains, comme ayant excédé les dépenses effectives, 826.

GARNISON. *Voyez* Garnisaires.

H.

et 554; — 2° lorsqu'il en sort pour être mis en route, 555 et 556; — 3° lorsqu'il s'évade, 557; — 4° lorsqu'il est dirigé sur un corps, 558; 5° lorsqu'il est reconnu impropre au service, 559; 6° lorsqu'il décède à l'hôpital, 560.

Hôpital (Conscrits des détachemens envoyés pendant la route à l'). *Voy.* Malades en route.

Hôpital (Conscrits réfractaires et insoumis envoyés à l'). Envoi à l'hôpital des conscrits destinés pour le dépôt général, qui sont momentanément hors d'état de marcher, 870. — Ils sont surveillés par le Capitaine de recrutement, *ibid.* — Leur rentrée au dépôt départemental, *ibid.* — Récépissé donné par l'économe, de la feuille individuelle et du conscrit déposé daus un hôpital sur la route, 918. — *Visa* du contrôle au bas duquel est ce récépissé, 919. — Le Commandant de l'escorte consigne le conscrit au Commandant de la place ou au Maire, *ibid.* — Précautions pour empêcher l'évasion du conscrit, 920. — Seconde expédition des feuilles individuelles des conscrits déposés dans les hôpitaux, faite par le Capitaine de recrutement à l'arrivée du convoi au chef-lieu du département, 921. — Emploi de cette expédition, *ibid.* — Surveillance spéciale du Capitaine de recrutement, sur les couscrits laissés dans les hôpitaux pendant la route, 922. — Visites d'inspection des Capitaines et Officiers de recrutement, dans les hôpitaux où des conscrits ont été laissés pendant la route, 923. — Examen des conscrits déposés en route dans les hôpitaux des chefs-lieux de départemens, 924. — Mesures à prendre à l'égard des conscrits laissés dans les hôpitaux de communes qui ne sont pas chef-lieu de département, lorsque ces hommes ne sont pas jugés susceptibles de guérison, 925. — Feuille individuelle des conscrits évacués sur le chef-lieu, rendue par l'économe à l'Officier de recrutement, 927. — Responsabilité de l'économe, *ibid.* — Remise à la gendarmerie des feuilles individuelles des conscrits évacués sur le chef-lieu du département, 928. — Précautions à prendre pour la conduite des conscrits au chef-lieu du département, 929. — Remise des conscrits

et des feuilles individuelles au Capitaine de recrutement, *ibid.* — Récépissé à donner par ce dernier, *ibid.*
— Dispositions à suivre, 1º dans le cas où un conscrit
s'évade des mains de la gendarmerie ou de l'hôpital,
875, 930 et 931; — 2º dans le cas ou un conscrit
décéde à l'hôpital d'une commune qui n'est pas chef-
lieu de département, 877 et 932.

I.

INCORPORATION DES DÉTACHEMENS DE CONSCRITS. Elle a
lieu immédiatement après leur inspection, 532. — Formalités à observer lors de l'incorporation, *ibid.* et 535.
— *Voyez* Absens, Isolés.

INCORPORÉS. Le récépissé des hommes incorporés doit
être donné par le Commandant du corps et être porté
sur le contrôle de départ, 534. — Formalités à remplir,
lorsqu'un individu se présente isolément pour être
incorporé, 537 et 538.

INSPECTION DES CONSCRITS EN ROUTE. Par qui faite, 521
et 522. — But de cette inspection, 522, 523, 524 et
525. — État à dresser de cette inspection, 526. — Cet
état doit être adressé au Commandant du département
d'où proviennent les conscrits, 527. — Peut aussi être
communiqué au Directeur général, 528.

INSPECTION DES DÉTACHEMENS DE CONSCRITS A LEUR AR-
RIVÉE AUX CORPS. Doit être faite par le Commandant
du corps, 529. — Son objet, *ibid.* — Dispositions à
suivre, lorsque des conscrits paraissent impropres au
service, 530. — Les corps ne peuvent, sous aucun
prétexte, refuser les conscrits qui leur sont destinés,
531. *Voyez* Absens, Isolés.

INSPECTION DES CONVOIS DE RÉFRACTAIRES, etc. *Voy.* Convois de réfractaires, etc.

INSUBORDONNÉS (Conscrits ou Suppléans). Mesures à
prendre envers ceux qui montrent de l'insubordination
pendant la route, 515. — Destination à leur donner,
516.

ISOLÉS (Conscrits partant isolément). Les conscrits ne
peuvent être dirigés isolément sans l'autorisation du

dique suivant, *ibid.* — Cas où, sans attendre, il se forme un convoi éventuel , *ibid.* — *Voyez* Convois de réfractaires , Convois éventuels , Convois périodiques.

LISTES DU TIRAGE. La première expédition doit être signée par tous les fonctionnaires présens au tirage , 62. — Cas dans lequel un conscrit dirigé sur le dépôt général des réfractaires , doit être compris sur les listes du tirage , 954.

LISTE DU CONTINGENT D'ACTIVITÉ. Est formée par le Préfet avant que le Conseil quitte l'arrondissement , 296. — Est remise au capitaine de recrutement , *ibid.*

LISTE SUPPLÉMENTAIRE DU CONTINGENT D'ACTIVITÉ. Est formée par le Préfet et remise au Capitaine de recrutement , 386.

M.

MALADES EN ROUTE (Conscrits ou suppléans). Sont déposés dans l'hôpital le plus voisin , 499. — Formalités à remplir , 1° par le Sous-officier porteur du contrôle , 500 , — 2° par le Commandant du détachement , *ibid.* et 501. — Devoirs à remplir par les officiers chargés de la surveillance et de l'inspection de ces conscrits, 503, 504, 505, 506 et 507. — Dispositions à suivre , 1° lorsque le conscrit est rétabli , 507 ; — 2° lorsqu'il s'évade de l'hôpital , 508 ; — 3° lorsqu'il est arrêté , 509 ; — 4° lorsqu'il est devenu impropre au service , 510 et 511 ; — 5° lorsqu'il meurt à l'hôpital , 512.

MARÉCHAUX FERRANS. Doivent être proportionnellement distribués entre les troupes à cheval, les bataillons du train et les équipages militaires , 456.

MASSE DE DENIERS DE POCHE. Est formée d'une retenue sur la solde des conscrits détenus aux dépôts départementaux , 800. — Emploi de cette masse , *ibid.* — Est aussi formée d'une retenue sur la solde des conscrits composant les convois , 904. — Répartition de cette masse entre les conscrits qui se sont le mieux conduits , *ibid.*

MILITAIRES EN ACTIVITÉ OU MORTS AU SERVICE. Leurs pères

et mères sont exempts de la solidarité pour frais de garnisaires , 758.

Militaires rentrés avec congé. Sont exempts de la solidarité pour frais de garnisaires , 758.

O.

Officiers de santé commissionnés. Leurs pères et mères sont exempts de la solidarité pour frais de garnisaires , 759.

Officiers de santé (Des) choisis par le Préfet sont chargés d'inspecter le dépôt départemental des réfractaires , 857.

Omis (Conscrits). Les conscrits omis doivent être recherchés et poursuivis , 703.

Ouvriers d'artillerie , *V*. Artillerie.

Ouvriers en fer et en bois. Corps auxquels ils doivent être destinés , et proportion dans laquelle ils doivent être pris , 456.

Ouvriers des manufactures d'armes. Leurs pères et mères sont exempts de la solidarité pour frais de garnisaires , 759.

P.

Pionniers (Conscrits à envoyer aux). Quels sont ces conscrits , 205 et 207. — Compagnie de pionniers sur laquelle les conscrits doivent être dirigés , 964. — Ils sont déposés dans la maison d'arrêt du chef-lieu du département , à mesure qu'ils sont arrêtés , 965. — Ils sont conduits par la gendarmerie au chef-lieu , lorsqu'ils sont arrêtés dans les cantons , *ibid.* — Réunion et départ en un seul convoi de ceux qui ont été arrêtés pendant la seconde partie de la session ordinaire du Conseil de recrutement , 966. — Mise en route , aussitôt après leur arrestation , de ceux qui sont arrêtés pendant la session extraordinaire , ou la première partie de la session ordinaire , 967. — Feuille individuelle formée par le Capitaine de recrutement , et remise de cette feuille à la gendarmerie du chef-lieu , 968. — Mode de conduite des conscrits à diriger sur les pionniers , 969. — Les feuilles individuelles , revêtues du récépissé des corps ,

doivent être renvoyées par le Capitaine de gendarmerie
au Capitaine de recrutement du département d'où les
conscrits ont été mis en route, 974. — Ce dernier les
transmet, lorsqu'il y a lieu, au Capitaine de recrutement du domicile, *ibid.* — État numérique de départ
et d'incorporation des conscrits envoyés aux pionniers,
transmis par le Capitaine de recrutement au Directeur
général, 975. — Ce que doit indiquer cet état, 975 et
976.

PONTONNIERS. *V.* Artillerie.

PORTEURS DE CONTRAINTES. Ils accompagnent les détachemens de garnisaires, 748. — Leur salaire est fixé par le
Préfet, *ibid.* — Ils font les poursuites pour le recouvrement des frais de garnisaires, 817 et 818.

POURSUITE INDIVIDUELLE DES CONSCRITS QUI N'ONT PAS
SATISFAIT A LEURS OBLIGATIONS. Quels sont les conscrits
à rechercher, 703. — Agens chargés de ces poursuites,
700. *V.* Contrôle de la poursuite individuelle, et Recherche des réfractaires.

R.

RÉCEPTION DES CONSCRITS aux dépôts généraux des réfractaires, 936 et suivans, jusqu'à 944.

RECHERCHE DES RÉFRACTAIRES ET AUTRES CONSCRITS IN-
SOUMIS. Concert du Préfet, du Général commandant le
département, de l'Officier de gendarmerie le plus élevé
en grade, et du Capitaine de recrutement, pour l'envoi inopiné d'un détachement dans une ou plusieurs
communes, 709. — Corps dans lesquels ce détachement
est pris, *ibid.* — Qui le commande, *ibid.* — Le Maire
de la commune accompagne le détachement et donne les
renseignemens nécessaires, *ibid.* — Le commandant du
détachement informe le Sous-préfet et l'Officier de gendarmerie du progrès de ses opérations, *ibid.* — Compte
à rendre par le commandant, lorsqu'il a terminé ses
opérations, *ibid.* — Formation, lors de la réunion du
dernier jour de chaque trimestre, d'un état qui doit
faire connaître, 1° les fonctionnaires et agens qui auront fait preuve de zèle; — 2° ceux qui n'auront pas
dirigé des poursuites assez actives; 3° ceux qui pour-

et de Sous-Officiers de recrutement, 474.—Sont sujets à trois appels par jour, 490. — Mesures à prendre lorsqu'ils manquent à ces appels , 491.

S.

au Directeur général, 610 et 636. — Dispositions à suivre par le Capitaine de recrutement, lorsque l'incorporation des suppléés, ou des nouveaux suppléans, n'est pas connue lors de la formation de ces Etats, 611 et 637. — *Voyez* Suppléés et Remplacement de conscrits avant le départ.

Suppléés (Conscrits). Ce que doit faire le Capitaine de recrutement, lorsque le suppléé, pour n'avoir pas fourni un nouveau suppléant, est envoyé au dépôt des réfractaires, 604. — Mesures à suivre envers les conscrits suppléés marchant en personne, ou envers leurs nouveaux suppléans, 606. — Ce que doit faire le corps lorsque le suppléé ou son nouveau suppléant n'arrive pas dans le délai fixé, 608. — Ce que doit faire le Capitaine de recrutement, lorsque le nouveau suppléant déserte avant d'avoir servi deux ans, 609. *Voyez* Suppléant, Remplacement de conscrits avant le départ.

Suspension de départ pour motifs autres que défaut de taille, maladie ou faiblesse de constitution. — La suspension de départ ne peut, en aucun cas, être accordée par les Officiers ou Sous-officiers de recrutement, 467. — Le droit en appartient au Préfet, *ibid.* — Tout conscrit porteur d'une permission accordée par les Officiers de recrutement, doit être arrêté par la gendarmerie, *ibid.*

T.

Table alphabétique des conscrits portés sur les contrôles de départ. Comment et à quelle époque elle doit être formée, 566.

Table alphabétique des conscrits portés sur le tableau par rang de taille. *Voyez* Tableau par rang de taille.

Tableau par rang de taille des conscrits désignés. Doit être formé par le Capitaine de recrutement, 439. — Conscrits qui doivent y être portés, 369, 382, 385, 386, 443, 444, 445 et 449. — Comment et à quelle époque il doit être fait, 446, 447 et 448. — Cas dans lequel ce tableau doit avoir un supplément, 382, 385, 386 et 449. — Époque à laquelle il doit être remis à l'Officier général membre du Conseil, 451.—A laquelle il doit recevoir le signalement des conscrits désignés, 469. — Annotation sur ce tableau de tous les changemens survenus dans la situation des conscrits en route, 518. — Annotations particulières qu'il doit recevoir, 1° du corps pour lequel chaque conscrit est destiné, 460; — 2° de l'envoi du fuyard arrêté au dépôt des réfractaires, 497; — 3° du décès du conscrit ou suppléant laissé en route à l'hôpital, 512; — 4° du décès du conscrit ou suppléant mort en route, 513; — 5° du signalement du conscrit parti isolément du département où il a concouru au tirage, 541. — Le tableau par rang de taille doit être accompagné d'une table alphabétique, 450.

TAILLE DES RÉFRACTAIRES. Est prise au moment de leur arrestation, 678, note 1.

TIRAGE. Fonctionnaires qui doivent y assister, 27.

TIRAILLEURS DE LA GARDE IMPÉRIALE. Taille que doivent avoir les conscrits destinés pour ce corps, 455.

V.

VÉTÉRANS. Ne peuvent être employés à la conduite des détachemens de conscrits, 475.

VOLTIGEURS. *V.* Tirailleurs.

FIN DE LA TABLE ALPHABÉTIQUE DES MATIÈRES.